Focusing
Selbsthilfe durch Körpererfahrung

Focusing

Selbsthilfe durch Körpererfahrung

Von Winfried Bergermann

humboldt

Lebenshilfe & Psychologie

humboldt-Taschenbuch 1062

Der Autor:
Winfried Bergermann studierte Theologie und Philosophie und ist seit über 20 Jahren in der Jugend- und Erwachsenenbildung tätig.
Zusatzausbildung in »Kreativer Aggression« (George Bach), »Provokativer Therapie« (Frank Farrelly), »Skriptanalyse« (B. Hellinger), »Focusing« (Gendlin); NLP-Master (Bandler, Grinder, Stahl).
Darüber hinaus führt der Autor erfolgreich Firmentraining und die Beratung von Gruppen und Organisationen durch und leitet Workshops und Seminare sowie Kurse an der VHS in Focusing und NLP.

Umwelthinweis: gedruckt auf chlorfrei gebleichtem Papier

Umschlaggestaltung: Wolf Brannasky, München
Umschlagfoto: vorne: Bavaria Bildagentur, Fotograf: Manuel Neuhaus; hinten: Fotostudio Peter Bornemann, München

Druck: Presse-Druck Augsburg
Printed in Germany
ISBN 3-581-67062-3

1 2 3 * 97 96 95

Inhalt

Einleitung: Was ist Focusing? 7

Focusing – eine natürliche Methode der Selbsterfahrung 13

Das »Körpergehirn« nutzen 14
Werden Sie Ihr eigener Experte 15
Ein Blick in dic Zukunft 16

Probleme erfolgreich lösen mit Focusing 19

Mein Problem und ich – eine »nette Beziehung« 20
Von Überzeugungen und anderen Denkblockaden 25

Worauf es beim Focusing ankommt 29

Dem Unbewußten vertrauen: Der »felt sense« 29
Innere Achtsamkeit entwickeln 30
Kooperation mit dem Unbewußten: Absichtsloses Wahrnehmen 33
Den richtigen Abstand finden 34

Focussieren lernen in sechs Schritten 37

Der Schritt 1: Freiraum schaffen 37
Der Schritt 2: Der Körper weiß die Antwort (die Bildung des »felt sense«) 55
Der Schritt 3: Die Sprache des Unbewußten (vom »felt sense« zum Symbol) 60
Der Schritt 4: Überprüfen und vergleichen 65
Der Schritt 5: Die Kunst des absichtslosen Fragens 71
Der Schritt 6: Annehmen und schützen 85

Focusing: Die wirksame Selbsthilfe im Alltag 97

Voller Elan und Kreativität den Tag beginnen 98
Das Anti-Streß-Training 100
Den Tag überdenken und auftanken 110
Träume sinnvoll nutzen 112
Gelungene Kommunikation: Focusing mit einem Partner 115

Ihr Körper – Ihr Verbündeter 123

Der Focusing-Prozeß im Überblick 133
Schlußwort 135

Anhang 137

Focusing-Adressen zur Weiterbildung 137
Literaturhinweise 138
Register 139

Einleitung: Was ist Focusing?

Liebe Leserin, lieber Leser, dies ist ein Buch, das Ihnen Hilfen für Ihren Alltag geben soll. Vor allem für die Situationen, in denen Sie sich ärgern, angespannt sind, keine Lust mehr haben, am liebsten alles hinschmeißen würden und so gar nicht das Gefühl haben, daß das Leben jeden Tag aufs neue ein spannender und lohnender Prozeß ist. Statt immer wieder zu jammern oder sich mit Ihrem Partner zu streiten, haben Sie die Wahl, einmal innezuhalten und sich zu sagen: »Jetzt reicht's! Genug ist genug! Ich mach' jetzt was anderes.«

Wenn Sie soweit sind, wird dieses Buch nützlich sein, denn es zeigt, wie Sie Dinge anders angehen können, um wieder Freude und Spaß am alltäglichen Leben zu bekommen.

Aber auch, wenn Sie ganz zufrieden und weder frustriert noch gestreßt sind, kann Ihnen dieses Buch helfen, mit Ihren täglichen Problemen besser fertig zu werden. Sie werden damit noch zufriedener, können unliebsame Situationen gelassener meistern und dadurch selbstsicherer und fröhlicher durch den Tag gehen.

Focusing ist zwar aus der Therapie heraus entstanden, doch das heißt nicht, daß Sie erst krank werden müssen, bevor Sie in den Genuß dieser wirksamen Heilmethode kommen. Focusing verhindert, daß Sie seelisch krank werden, und erweitert Ihre Möglichkeiten, das Leben zu genießen! Focusing ist ein Prozeß, der nicht nur in der Therapie abläuft, sondern in Ihrem ganzen Leben immer wieder auftaucht. Und so können Sie, wenn Sie diesen heilsamen Prozeß kennen und seine Schritte beherrschen, diese Methode sehr gut selbst anwenden, ohne Guru, ohne Therapeuten. Focusing verhilft Ihnen somit auch zu mehr Autonomie im Umgang mit sich und anderen, denn Sie werden spüren, was für Sie richtig und was falsch ist.

Auch wenn Focusing speziell für die Lösung persönlicher Probleme entwickelt wurde, ist es keineswegs darauf beschränkt. Es nützt Ihnen für das bewußtere Erleben Ihrer Umwelt genauso wie für eine offenere Kommunikation mit Ihren Mitmenschen oder den langfristigen Weg der Selbstentfaltung.

Was bedeutet eigentlich Focusing?

Focusing beschreibt den natürlichen Prozeß persönlicher Veränderung. Ursprünglich im therapeutischen Kontext angewandt, ist Focusing ein ideales Mittel zur Selbsthilfe, da dieser Prozeß immer dann abläuft, wenn positive Veränderung gelingt. Oftmals geschieht Focusing unbewußt, ohne unser Zutun. In diesem Buch geht es darum, die Schritte bewußt zu machen und »bei Verstand« zu lernen, um sie bei Bedarf bewußt anwenden zu können.

Focusing läuft in Schritten ab, die von jedem leicht erlernt werden können. Sie entsprechen natürlich ablaufenden Veränderungsprozessen, die zu mehr Klarheit, emotionaler Sicherheit und zur Auflösung problematischer Verstrickungen führen. Obwohl Focusing Ähnlichkeiten mit anderen Methoden aufweist, wie etwa mit Meditation, mentalem Training oder positivem Denken, unterscheidet es sich teilweise doch erheblich von ihnen.

Was an Focusing anders und neu ist

... ist die Rückbindung allen mentalen Geschehens (»Denken« genannt) an das körperliche Empfinden, den »felt sense«. Alle Veränderungen gehen vom Körper aus, alle Wahrnehmung hat somit körperlichen Ursprung und kann so »leibhaftig« erfahren werden. Nicht nur der Kopf als Sitz des Gehirns entscheidet über unser Leben, sondern in erster Linie die Weisheit unseres Körpers. Diese Körperweisheit wird vom Gehirn erfaßt und entsprechend verarbeitet, geschieht jedoch ebensowenig dort, wie sich die im Fernsehen gezeigten Bilder im Apparat selbst zutragen!

Die Verbindung anderer bekannter Verfahren mit Focusing eröffnet einen zusätzlichen Weg zu effektiven und hochwirksamen Lösungen.

Zum besseren Einstieg und um einzelne Schritte zu erleichtern, habe ich auch Vorgehensweisen aus anderen bekannten Verfahren integriert, wie der Muskelentspannung, dem autogenen Training und dem NLP (Neurolinguistisches Programmieren).

Wer hat Focusing entwickelt?

Focusing wurde vor ca. 30 Jahren von dem Wiener Psychotherapeuten Gene Gendlin entwickelt, als er sich die Frage stellte, was denn das Essentielle an einer gelungenen Therapie sei.

Gendlin war Mitarbeiter von Carl Rogers, dem Begründer der sogenannten klienten-zentrierten Gesprächspsychotherapie, und ist heute sein Nachfolger als Professor für Philosophie und Psychologie an der Universität von Chicago. Gendlin fragte sich, wovon es denn abhinge, wenn manche Klienten von Psychotherapie profitieren und andere dagegen nicht, d. h. keine konstruktiven Veränderungen erfahren.

Nach dem Studium unzähliger Therapieprotokolle, auch anderer Therapierichtungen, fand er heraus, daß es nicht so sehr an der Technik des Therapeuten liegt, wenn eine Therapie gelingt, sondern vielmehr an dem, was der Klient tut. Demnach ist das beste, was ein Therapeut für seinen Klienten tun kann, ihn nicht an seiner Arbeit zu hindern, sondern ihm einen Rahmen für die erfolgreiche Veränderungsarbeit zu schaffen. Gendlin kristallisierte sechs Schritte heraus, von denen Veränderung abhängt. Sie sind das Gerüst des Focusing-Prozesses. Focusing ist also die Essenz dessen, was Veränderung bewirkt.

Focusing ist im deutschen Sprachraum seit ungefähr 15 Jahren bekannt und gewinnt hier immer mehr Anhänger. Es ist ebenso leicht zu lernen wie autogenes Training oder andere mentale Verfahren, reicht jedoch in seinem Ergebnis weit über diese hinaus und eröffnet ganz neue Dimensionen.

Focusing kommt von lat. »focus« (Brennpunkt)

Dies bedeutet, daß die innere Aufmerksamkeit wie ein Scheinwerfer auf etwas gerichtet wird, um es heller, klarer, schärfer und deutlicher werden zu lassen. Im Brennpunkt dieser Aufmerksamkeit steht jeweils das körperliche Empfinden zu einem Problem oder einer Sache, die Sie näher untersuchen bzw. über die Sie mehr Klarheit haben wollen, »felt sense« genannt.

Zu diesem Buch

Im folgenden werden Sie in die Prinzipien und »Wahrheiten« des Focusing eingeführt, wobei einige Übungen und Selbstexperimente dafür sorgen, daß Sie diese auch an sich selber erfahren.

Nach der Darstellung dessen, worauf es bei Focusing ankommt, führe ich Sie im einzelnen durch die sechs Focusing-Schritte, wie sie von Gendlin beschrieben und gelehrt werden. Dabei erweitere ich diese Schritte durch verschiedene praktische Übungen, die im Alltag hilfreich sind. Abschließend erhalten Sie noch Anregungen zur eigenen Weiterarbeit und Ausblicke auf diverse Anwendungsmöglichkeiten in Alltag und Beruf.

Zum Schluß können Sie selbst entscheiden, wie Sie Ihre persönliche Zukunft mit Focusing gestalten, und sich durchaus auch einige Träume erlauben.

Erweitern Sie Ihre Möglichkeiten um das, was Ihnen bisher verborgen blieb, verschaffen Sie sich die Fähigkeiten, die Sie schon immer hatten, aber kaum nutzten.

Focusing als wirksame Selbsthilfe

In diesem Buch möchte ich Focusing als Methode zur Selbsthilfe vorstellen und zum Üben anregen. Das heißt aber nicht, daß Sie eventuell bei bestimmten schwierigen Problemen und Situationen in Ihrem Leben keine professionelle Hilfe bräuchten.

Die meisten alltäglichen Schwierigkeiten werden Sie mit Focusing meistern können, haben Sie einmal etwas Übung. Doch tiefergehende Traumata oder Probleme, die sich fest in Ihr Leben eingenistet haben, benötigen zumeist kundige fachliche Hilfe von außen. Es gibt inzwischen viele Therapeuten, die Focusing zur Grundlage ihres Vorgehens machen und die Ihnen aufgrund dieser Methode qualifiziert helfen können (s. Anhang). Für eine Therapie braucht man sicher mehr als Focusing, doch Focusing ist der Kern dessen, was eine gelungene Veränderung und »Heilung« ausmacht.

Sie sollen also mit diesem Buch kein dilettierender Laientherapeut werden, doch Sie können sich insoweit selbst helfen, als Sie Ihren

Weg erkennen, die Schritte, die Sie machen können, auch tun und sich dann eventuell weitere Hilfe holen, die Sie sich gleichfalls selbst aussuchen. Niemand wird Ihnen dann noch sagen können, was für Sie gut ist, ohne daß Sie dies selbst überprüfen oder korrigieren können. Sie sind kein hilfloser Klient mehr, dem Therapeuten auf Gedeih und Verderb ausgeliefert. Das zahlt sich aus, meist auch finanziell!

Für den Anfang ist es günstig, Focusing mit jemand anderem zu üben, der einen begleitet, deshalb – auch wenn Sie jetzt noch alleine arbeiten – wird es sinnvoll sein, Focusing in einer Gruppe zu lernen und einzuüben. Das Buch kann lediglich eine Hinführung sein, eine Einleitung, damit Sie eine Ahnung bekommen, um was es geht. Am Buchende sind einige Adressen aufgeführt, wo Sie Focusing unter Anleitung lernen und üben können.

Focusing ist eine Methode, die in erster Linie Ihnen hilft, weniger dem Therapeuten. Ein Focusing-Therapeut stellt Ihnen den Rahmen zur Verfügung, in dem Veränderung möglich ist, die eigentliche Therapie aber machen Sie selbst. So ein äußerer Rahmen kann manchmal nötig sein, um nicht gleich in ganz schwierigen Problemen zu versinken und dann nicht wieder herauszukommen; die heilsamen Schritte aber können Sie nach einiger Übung genauso gut selbst machen, mit oder ohne Therapeut.

Ich wünsche Ihnen viel Freude und Spaß beim Lesen und Üben! Eines ist sicher: Wenn Sie Focusing nicht anwenden, wird es auch nicht funktionieren.

Deshalb fangen Sie an: Jetzt!

Autor und Verlag

Focusing – eine natürliche Methode der Selbsterfahrung

Ob Sie nun Probleme haben oder nicht, Focusing öffnet Ihnen die Tür zur Weisheit Ihres Körpers. Dieses Körperwissen ist im Alltag oft verschüttet und nicht zugänglich. Manchmal aber taucht es unvermittelt auf: als Intuition, als vages Gefühl für eine innere Richtung oder als Stimmung, der man meist nicht zu trauen wagt. Dies geschieht im allgemeinen unvermittelt, eine bewußte Wiederholung einer solchen Intuition scheitert fast immer am Know-how.

Hatten Sie schon einmal eine Intuition? Sicher! Zum Beispiel suchten Sie mehr oder weniger verzweifelt nach einem Namen oder einer wichtigen Telefonnummer – und sie wollte Ihnen nicht einfallen. Je mehr Sie sich bemühten, um so weniger fiel sie Ihnen ein. Und dann, abends in der Badewanne oder unter der Dusche oder in sonst einem entspannten Augenblick, da plötzlich war der Name, die Nummer da! Es fiel Ihnen wieder ein. Doch zu spät – Sie hätten diesen Einfall eher tagsüber gebraucht.

Ganz sicher haben Sie in Ihrem bisherigen Leben nicht alles falsch gemacht: Eine Reihe von Dingen ist Ihnen sogar erstaunlich gut gelungen, manchmal ohne daß Sie sich penibel darauf vorbereitet haben. Und dann gab es wieder Momente im Leben, da klappte einfach gar nichts! Woran liegt das? An Ihrer Intuition! Und daran, daß Sie diese Intuition nicht bewußt nutzen können, wenn Sie sie dringend brauchen – sei es, daß Sie auf Einfälle warten oder neue Ideen zur Lösung bestimmter Probleme und Konflikte suchen.

Unbewußt sind diese Ideen und Einfälle jedoch vorhanden. Ihr Körper hat sie gespeichert, nur: Ihnen fehlt der Schlüssel zur Tür für das unbewußte Körperwissen. Gefühle, Intuition und all die Informationen, die unser Körper bereithält, haben für uns meist den Geruch der Unzuverlässigkeit, des Vagen, Verschwommenen. Die eigentliche, ernsthafte Arbeit hat unser Verstand zu leisten.

Das »Körpergehirn« nutzen

Entscheidungen, Konflikte und Probleme bewältigt man mit dem Verstand – und landet damit oft genug in einer Sackgasse. Denn unser Verstand verfügt zwar über etliche lobenswerte Fähigkeiten, wie logisch zu denken, aber viele Probleme sind eben unlogisch, psychologisch und somit nicht mit reiner Logik zu lösen.

Während Kinder noch mit beiden Gehirnhälften denken, ist beim Erwachsenen meist nur die linke Gehirnhälfte in Gebrauch. Und die ist zuständig für geordnetes Denken, für Präzision, für Logik, analytisches Vorgehen, Detailkenntnisse und Sprache, also für die lineare Verarbeitung von Informationen. Die rechte Gehirnhälfte ist mehr auf ganzheitliche Tätigkeiten ausgerichtet: intuitives Denken und Erfassen, räumliche Vorstellung, Farbe, Form, Bilder, Klänge, Rhythmus, kreativer Ausdruck.

Ein kleines Experiment

Verschränken Sie Ihre Arme, so wie Sie es gewohnt sind. Welcher Arm ist oben, welcher unten? Nun probieren Sie, Ihre Arme umgekehrt zu verschränken, so daß nun der andere Arm oben bzw. unten liegt. Ungewohnt, nicht wahr? Probieren Sie es ruhig noch einige Male, bis Sie es auf beide Arten können. Sie merken, es geht! Je öfter Sie üben, desto besser.

Was ist nun »richtig«? Rechts oder links? Sie werden sehen, beide Gehirnhälften werden gebraucht! Für Ihre Probleme jedenfalls werden wir diesmal die rechte Gehirnhälfte anzapfen, in der letztlich alle Körperinformationen zusammenlaufen.

Verachten Sie Ihre Logik nicht gleich. Für eine ganze Reihe von Tätigkeiten ist sie nützlich. Seien Sie froh, logisch sprechen, rechnen und sich einigermaßen vernünftig verhalten zu können. Doch die Probleme, mit denen Sie bislang nicht fertig geworden sind, können Sie so nicht lösen (sonst hätten Sie's schon getan!).

Machen Sie also mal etwas ganz anderes: Nützen Sie das unbewußte Wissen Ihres Körpergehirns und verschaffen Sie sich den Schlüssel zu dieser Quelle der Weisheit, die Ihnen bisher verschlossen blieb.

Werden Sie Ihr eigener Experte

Focusing hat auch mit Ihren bisherigen Problemlösungsstrategien wahrscheinlich kaum etwas zu tun. Wenn Sie mit der Focusing-Methode vertraut sind, brauchen Sie vor Ihren Problemen nicht mehr den Kopf in den Sand zu stecken. Sie können es sich ersparen, immer wieder über Ihr Problem nachzugrübeln. Sie sparen sich (und da können Sie am meisten sparen) auch den psychologischen Experten, der Ihnen den rettenden Ratschlag gibt. Sie werden selbst zum Experten.

Mit Focusing werden Sie erfahren, daß das Körperwissen seine eigene Logik hat, die nicht minder effektiv ist. Allerdings müssen Sie erst lernen, die Sprache des Körpers zu entschlüsseln, denn er spricht in Gefühlen ebenso wie in Bildern, Geräuschen, Worten und Gesten.

Und oftmals müssen wir erst lernen, die Sprache des Körpers überhaupt wahrzunehmen. Denn diese Signale werden im Alltag meist ignoriert, da wir ja so vernünftig sind. Wenn Sie Ihre Probleme als Zeichen zum Innehalten nutzen, werden Sie Zugang finden zu einer anderen Welt: einer Welt der Gefühle, der Träume, der Symbole, einer Welt, die in Ihnen schlummert und vieles »weiß«, was Sie längst vergessen haben. So können sich Probleme auf einmal verändern, Sie entdecken Aspekte, die Ihnen verborgen waren, Botschaften, die Sie übergangen haben, da Sie sie nicht deuten konnten (oder wollten). Sie entdecken, daß Probleme ihren Sinn haben, denn in ihnen stecken Botschaften, Hinweise und verborgene Absichten. Sie werden Experte darin, mit sich und Ihren Problemen respektvoll umzugehen, sie freundlich zu behandeln, anstatt sie zu bekämpfen. Sie gelangen zu mehr Autonomie, Kreativität, Flexibilität, verbessern Ihre Wahrnehmung und Ihre Kommunikation und entwickeln Ziele, die zu Ihnen passen. Sie können sich entscheiden, ob Sie sich auf diesen Prozeß der Selbsterfahrung und Selbstentfaltung einlassen wollen. Es kostet etwas Arbeit, denn durch Zufall wird man kein Experte. Die Entdeckung der Vielfalt und des Reichtums Ihrer Möglichkeiten wird Sie aber mehr als genug dafür entschädigen.

Ein Blick in die Zukunft

▪ *Vorab eine kleine Übung*

Nehmen Sie sich etwas Zeit und machen es sich bequem. Atmen Sie tief ein und vor allem aus (falls Sie allein sind: hörbar); fragen Sie Ihren Körper, was er eventuell braucht, um sich noch wohler zu fühlen (sollten Sie im Moment keine Zeit oder Ruhe haben, verschieben Sie diese kleine Übung auf einen anderen Zeitpunkt, wenn Sie sich allein entspannen können). Fragen Sie sich dann: Was gibt es alles, das mich davon abhält, mich gut zu fühlen? Lassen Sie alles auftauchen in Ihren Gedanken, was Sie derzeit stört, Ihnen Sorgen oder Schwierigkeiten macht. Stellen Sie es in der Vorstellung vor sich hin oder legen Sie es auf den Boden. Nehmen Sie alles, was Ihnen dabei in den Sinn kommt, und verzichten Sie auf Begründungen und Rechtfertigungen. Ob große oder kleine Probleme, stellen Sie sie vor sich hin und fragen dann: Wenn nun eine gute Fee käme und das alles lösen würde, wie würde sich das jetzt anfühlen? Denken Sie nicht, fragen Sie Ihren Körper! Wie das genau geht, erfahren und üben Sie in den folgenden Kapiteln. Jetzt soll der Hinweis genügen, mehr auf Ihren Körper und seine Antwort zu achten. Sie bemerken vielleicht ein kurzes Aufatmen, einen spontanen Seufzer, ein tiefes Einatmen und spüren schon etwas »frische Luft«.

Was wäre, wenn ...?

Können Sie sich das überhaupt vorstellen? Was wäre, wenn alle Ihre Sorgen, Schwierigkeiten und sonstigen Probleme einfach weg wären? Was wäre das für ein Leben? Wie würde sich das anfühlen, oder wie würde das aussehen?

Falls Sie sich so etwas vorstellen können, werden Sie Erleichterung verspüren. Dies wäre im Focusing ein »bodyshift«, also eine körperlich spürbare Erleichterung. Ihr Körper weiß, wie das ist, und teilt es Ihnen mit.

Sollte es Ihnen also leichter ums Herz werden, haben Sie Glück. Sie spüren nun, wo's lang geht und daß sich die Reise lohnen wird. Die kleine Vorfreude dürfen Sie sich ruhig gönnen. Sie wissen damit jetzt schon ungefähr, wie Sie sich am Ende eines Focusing-Prozesses fühlen werden.

Probleme: Vertraute Begleiter

Viele meiner Kursteilnehmer/innen merken zunächst, daß es nicht so einfach ist, auf die Probleme zu verzichten. Entweder fallen ihnen zusätzliche Probleme ein, wenn das eine oder andere gelöst wäre, oder sie empfinden eine gähnende Leere, wenn vertraute Probleme verschwinden. Auch das ist normal. Es macht schon Sinn, wenn Sie derzeit noch an Ihren vertrauten Problemen hängen. Es ist wie mit vertrauten Menschen, die man nicht leiden kann. Tauchen sie auf einmal nicht mehr auf, macht man sich Sorgen. Wo bleiben sie denn? Ihnen wird doch nichts passiert sein? Sie nehmen doch Ihre Probleme ernst? Durch Focusing erfahren Sie, was an Ihrem Problem noch alles dran ist. Sie wissen bereits: Im Problem steckt eine Botschaft, Aspekte, die zur Lösung führen. Focusing therapiert die Probleme nicht weg, sondern Sie lernen, sie sich einmal genauer anzuschauen – anders, als Sie es bisher taten.

Probleme als Ganzes betrachten

Im Focusing betrachten wir Probleme als Ganzes, alle Aspekte auf einmal. Das schafft der Verstand gar nicht, das schafft nur Ihr Körper, Ihr »Körpergehirn«. Und so entdecken Sie Zug um Zug auf symbolische Art mehr und mehr Ansichten, Facetten und (An-)Teile Ihres Problems, die Ihnen vorher nicht bewußt waren. Indem Sie sich diese unbewußten Suchprozesse mit Focusing zunutze machen, gelangen Sie hinter die Fassade Ihrer Probleme zur eigentlichen Bedeutung.

Auch wenn Sie also vorhin noch kein Erfolgserlebnis in Form eines schönen und befreienden Erleichterungsgefühls hatten, das Aha-Erlebnis kommt noch! Und wenn Sie sich schon erleichtert gefühlt haben: Ihre Probleme und Sorgen stehen oder liegen noch vor Ihnen. Schauen Sie sie entspannt an und suchen Sie sich ein Problem aus. Eines, wo Sie spüren: Das macht mich neugierig, oder das wäre dringend.

Probleme erfolgreich lösen mit Focusing

Probleme beeinträchtigen das Leben, und zweifellos müssen sie entsprechend ernst genommen werden. Denn wären sie ein Spiel, wären es ja keine Probleme. Und es gibt Dinge im Leben – da sind wir uns alle einig –, die kein Kinderspiel sind, die uns zu schaffen machen und uns die Laune verderben (anderen meist auch).

Doch wie wird ein Problem zum Problem?

Was muß alles geschehen, damit Menschen bestimmte Situationen, Personen, Ereignisse und Konstellationen als problematisch empfinden? Probleme erscheinen – momentan – unlösbar, und das ist das Schlimme daran. Einmal abgesehen davon, ob Probleme tatsächlich unlösbar sind, oder ob man dies nur glaubt, Probleme werden von Menschen ganz unterschiedlich wahrgenommen. Was veranlaßt beispielsweise einen Menschen dazu, etwas als unüberwindbar und unlösbar zu empfinden, während ein anderer genau dieses Problem als Kinderspiel bezeichnet?

Abgesehen davon, daß Sie sicher auch schon einmal solche, Ihr Problem herabwürdigende Äußerungen in Form von guten Ratschlägen erhalten haben, die relativ nutzlos waren (für Sie!), gibt es wahrscheinlich auf dieser Welt irgendeinen Menschen, der gerade Ihr Problem, vor dem Sie kapitulieren, als durchaus lösbar empfindet.

Wie würden Sie reagieren, wenn Sie einem guten Freund ein wichtiges Problem erzählen, und während Sie Ihr Problem ausführlich schildern, fängt Ihr Freund plötzlich an zu lachen? Ärgern Sie sich, lachen Sie mit oder resignieren Sie?

Offensichtlich gibt es auch andere Sichtweisen Ihres Problems, die Ihnen oft mehr oder weniger diplomatisch nahegebracht werden. Manchmal lassen Sie sich vielleicht mitreißen, lachen mit oder lassen sich zumindest etwas verwirren, ein anderes Mal jedoch bestehen Sie auf Ihrem Problem und fühlen sich unverstanden.

Vielleicht denken Sie manchmal, es wäre ja schön, wenn ich das auch so sehen könnte wie der andere.

Aber was unterscheidet Sie denn von den anderen? Ihre Sichtweise! Ihre Wahrnehmung!

Nehmen Sie Wahr-Nehmung ruhig wörtlich, nehmen Sie das Wort ernst. Wenn Sie an Ihr Problem denken, befinden Sie sich in einer ganz bestimmten Situation, in der Sie ganz bestimmte Aspekte Ihrer (Um-)Welt als problematisch wahrnehmen. Sie verfügen dann nicht über die Fähigkeiten, die Sie bräuchten, um Ihr Problem zu lösen, d. h. anders wahrnehmen zu können.

Könnten Sie Ihre Wahrnehmung ändern, käme in der Folge die Lösung. Im Focusing lernen Sie, Ihre Wahrnehmung zu ändern. Sie müssen nicht sich ändern, aber Ihre Wahrnehmung, auch mitunter Ihre Einstellung. Sie haben alle Ressourcen, die Sie brauchen, um erfolgreich zu sein. Was Sie lernen ist, Ihre Wahrnehmung lösungsfreundlicher zu gestalten.

Gendlin sagt: »Nicht das Problem ist so problematisch, sondern wie du damit umgehst.« Focusing verwandelt den problematischen Umgang in eine »nette Beziehung«.

Mein Problem und ich – eine »nette Beziehung«

Wenn im Gebirge eine Lawine zu Tal donnert und es ist niemand da, der das Geräusch hört, hat es dann ein Geräusch gegeben? Vielleicht werden Sie mit »Ja« antworten: Objektiv löst das Geschehen Schwingungen aus, die sich fortpflanzen. Doch wenn's keiner hört? Was ist mit den Schwingungen, wenn sie nicht wahrgenommen werden? Ist das dann auch ein Geräusch? Sie merken, daß zwischen der Wirklichkeit und dem Wahrnehmenden eine Beziehung existiert.

Und nur, wenn eine Beziehung existiert, hat das Wahrgenommene auch Sinn. Denn wen stört ein Geräusch, das niemand hört? Ist es dann überhaupt ein Geräusch? Darüber könnte man sich nun den Kopf zerbrechen. Hier genügt festzuhalten, daß es eine Wirklichkeit für Sie nur dann gibt, wenn Sie diese auch wahrnehmen. Und wie Sie diese wahrnehmen, so existiert diese für Sie.

Ein Problem ist immer ein Beziehungsproblem. Denn Ihre Beziehung zu ihm entscheidet darüber, ob es lösbar ist oder nicht. Ein Problem existiert nur in Beziehung zu jemandem, der es als solches wahrnimmt.

Jeder Mensch lebt in seiner eigenen Wirklichkeit. Das hängt mit den diversen Programmen zusammen, die wir gelernt haben bzw. die uns einprogrammiert wurden. Da gibt es kulturelle Programme, Erziehungsprogramme, wie Überzeugungen, Haltungen und Einstellungen (dem Leben bzw. bestimmten Dingen gegenüber), biologische Programme (die uns befähigen, anders wahrzunehmen als die Tiere). Auch bestimmte Verhaltensprogramme (erwünschte wie unerwünschte) sind unbewußt gelernt und von anderen übernommen worden, z. B. von sogenannten Vorbildern. All diese Programme prägen unsere Wahrnehmung, meist ziemlich unbewußt. Und wir halten sie für richtig, wenn sie auch von anderen Menschen geteilt werden.

Aufgrund dieser Programme gibt es viele Gemeinsamkeiten unter den Menschen, aber letztlich sind die individuellen Programme so unterschiedlich, daß kaum zwei Menschen in genau derselben Welt leben.

Versuchen Sie also, sich mit der Sichtweise anzufreunden, daß andere Ihre Wirklichkeit und somit Ihre Probleme anders sehen. Probieren Sie das an folgendem Beispiel aus:

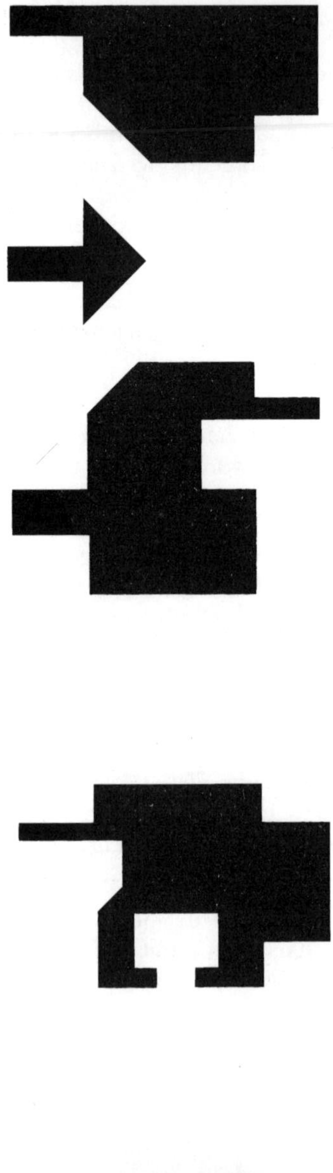

Übung: Perspektiven ändern

Sehen Sie sich das Bild auf Seite 22* an und versuchen Sie, einen Sinn darin zu entdecken. Es gibt viel zu entdecken, fangen Sie an. (* Diese Darstellung wurde gelegentlich schon für Werbemittel verwendet. Der Urheber konnte vom Verlag nicht ermittelt werden.)

Haben Sie schon den Pfeil entdeckt oder den auf der Krempe stehenden Hut, den Wasserhahn, den Schrumpfkopf usw.? Lassen Sie Ihrer Phantasie freien Lauf: Beurteilen Sie nicht. Alles, was Sie sehen, ist richtig. Egal, was Sie sehen, wenn Sie es sehen, ist es für Sie wirklich. Hier gibt es kein »richtig« oder »falsch«.

Nun halten Sie kurz inne, strecken sich, holen tief Luft, machen es sich bequem, lehnen sich zurück und schauen das Bild aus einer anderen Perspektive an (falls Sie es sich bequem gemacht haben, haben Sie diese Perspektive womöglich bereits). Achten Sie nun auf keine Details, ja selbst nicht einmal auf das Schwarze, sondern auf alles! Lassen Sie alles auf einmal auf sich wirken. Obwohl Sie vorhin schon viel gesehen haben, gibt es noch etwas zu entdecken, nämlich die Lösung. Das Ganze ergibt einen Sinn, den Sie mit Ihrer normalen Betrachtung noch nicht herausgefunden haben.

Also, lehnen Sie sich zurück, nehmen Sie Abstand, schauen Sie auf das Bild, bis Sie sie sehen: die drei Buchstaben! Vielleicht ging es ganz automatisch – plötzlich waren sie da. Wie eine Intuition. Oder Sie brauchen noch etwas Hilfe. Verändern Sie Ihre Wahrnehmung. Achten Sie auf das Weiße im Bild, ziehen – gedanklich – einen Rahmen um die verschiedenen Elemente und halten das Blatt etwas weiter von sich.

Und auf einmal entpuppt sich das Ganze als FLY. Das ist der Sinn (zusätzlich zu dem, was Sie zuerst schon entdeckt hatten). Können Sie es jetzt sehen? Falls nicht, lassen Sie sich Zeit, schauen Sie später wieder darauf. Ob unbewußt oder bewußt: Ihre Wahrnehmung hat sich verändert, und dadurch kamen Sie zur Lösung.

Zunächst konzentrierten Sie sich wahrscheinlich auf die schwarzen Elemente (wie gelernt) und betrachteten das Weiße lediglich als (nutzlosen) Zwischenraum. Sie gingen ins Detail, schauten also genau hin und übersahen so das Ganze. Was stimmt nun? Beides! All die Dinge, die Sie anfangs entdeckten, sind deshalb nicht falsch, doch nun verfügen Sie über eine weitere Anschauungsmöglichkeit, und – wäre dieses Bild ein Problem – über eine Ansicht, die Sie aus der Sackgasse herausführt.

Kennen Sie die Geschichte aus Indien, in der 13 blinde Männer einen Elefanten untersuchen? Der eine bekommt den Rüssel zu fassen und sagt: »Das ist eine Schlange.« Ein anderer faßt an die Beine und kommt zum Ergebnis: »Das sind Säulen.« Ein dritter betastet den Schwanz und meint: »Es ist ein Besen.« usw. So ähnlich tasten auch wir uns oft an Probleme heran, ohne das Ganze zu sehen.

Ein weiteres Beispiel

Haben Sie eine Uhr mit einem normalen Zifferblatt (also eine analoge Uhr)? Schauen Sie jetzt nicht auf das Zifferblatt, aber beantworten Sie die Frage: Wie ist die »12« auf Ihrer Uhr gestaltet? Ist es eine arabische oder römische Ziffer oder einfach ein Punkt oder Strich? Antworten Sie zuerst, dann schauen Sie nach. Stimmte Ihre Antwort?

Sie können auch im Bekanntenkreis – in geselliger Runde – Ihre Uhr herumreichen und sich die Zeit sagen lassen, dann aber nach der Ziffer »12« fragen. Obwohl alle die Ziffern gesehen haben, haben sie nur auf die Zeit geachtet. Wie die Ziffer aussah, war ihnen nicht bewußt (aber unbewußt). Sie wissen inzwischen: Ihr Unbewußtes nimmt mehr wahr als Ihr Bewußtsein.

Wenn es Ihnen also gelingt, sich die unbewußt vorhandenen Informationen bewußt zugänglich zu machen, verfügen Sie über ein weit größeres Lösungspotential als normalerweise!

Im Focusing gehen Sie aufs Ganze, nicht in die Details (Ihres Problems). Sie lernen, das Problem als Ganzes wahrzunehmen. Dazu brauchen Sie einen bestimmten Abstand.

Von Überzeugungen und anderen Denkblockaden

Focusing hat kaum Ähnlichkeiten mit Ihren gewohnten Lösungsversuchen, und genau das könnte Ihnen noch zum Verhängnis werden. Denn es hat keinen Sinn zu focussieren, wenn Ihnen dabei liebgewordene Überzeugungen und Meinungen, die Ihnen zumeist von anderen beigebracht wurden, im Wege stehen.

Übrigens kann Ihnen in diesem Fall auch keine andere Problemlösungsmethode helfen, mit der Sie sich abmühen, solange diese Hindernisse Ihr Denken und Verhalten bestimmen.

Überprüfen Sie einmal selbst, ob und inwieweit Sie den folgenden Lebensweisheiten klammheimlich zustimmen, obwohl Sie angeblich Ihre Probleme bewältigen möchten.

Eine der hartnäckigsten Überzeugungen, die Ihnen in den Kopf gesetzt wurden, lautet etwa: »Probleme sind nicht so einfach lösbar.« Vielleicht trifft für Sie die Variante zu: »Ich kann das nicht lösen – alle anderen vielleicht – nur ich nicht!« Vielleicht meinen Sie, andere Menschen, die Umstände sind an Ihrem Problem »schuld«!? Deshalb müssen erst die sich ändern.

Es genügen allerdings auch so kleine und harmlos aussehende Floskeln, wie »Das hat doch alles keinen Sinn«, »Ich kann das nicht« (z. B. auf Gefühle achten) bzw. »Ich kann mich nicht mehr verändern«. Auf welche der vielen bewährten Arten Sie auch immer sich diese Sätze vorsagen oder vorstellen, sie werden Sie hindern, der Lösung Ihrer Probleme auch nur einen Schritt näher zu kommen. Woher wissen Sie denn, daß Sie etwas nicht können? Haben Sie es schon ausprobiert? Oh, Sie haben es schon einmal versucht, und da hat es nicht geklappt? Das erspart Ihnen dann alle künftigen Lernerfahrungen. Hätten Sie schon als Kind so gelernt, wie Sie jetzt denken, würden Sie weder sprechen noch laufen, geschweige denn radfahren oder schreiben können.

Auch die Ansicht »Probleme muß man analysieren« führt nicht weiter. Aus der Therapie weiß man inzwischen, daß selbst das Wissen um die Ursachen und Gründe (warum ist das so?) Menschen nicht unbedingt befähigt, ihre Probleme zu lösen. Jahrelange Ursachenforschung macht die Menschen nicht lebenstüchtiger, sie wissen dann zwar, warum das alles so (geworden) ist, können aber trotzdem nichts verändern. (Wenn Sie Ihr Problem erfolgreich gelöst haben, können Sie immer noch in Ihrer Vergangenheit nach den Ursachen forschen und etwas »Seelenarchäologie« betreiben.)

Das soll aber nicht heißen, daß Sie Probleme lösen müssen. Sie müssen eigentlich nichts tun, Ihr Unbewußtes gibt Ihnen Ratschläge, dazu braucht es jedoch Geduld. Sie wissen, das Unbewußte läßt sich nicht unter (Zeit-)Druck setzen, erst im »absichtslosen Wahrnehmen« offenbart es seine Schätze. Ungeduld und Gewalt dagegen verhindern eine Lösung. Wenn Sie Probleme lösen und dabei achtsam, absichtslos und mit dem richtigen Abstand arbeiten, also Focusing anwenden, ist es nützlicher, sich an Überzeugungen und Lebensweisheiten zu erinnern, die lösungsfördernd sind.

Zum Beispiel, mit welcher inneren Einstellung Sie als Kind gelernt haben. Da hatten Sie nämlich noch nicht die ganzen Mißerfolgserlebnisse, die Sie am Lernen hindern, sondern Sie schauten nach dem, was »es noch alles zu tun gibt«. Und selbst, wenn nicht alles gleich klappte, werteten Sie das nicht als Mißerfolg, sondern lernten daraus und machten es das nächste Mal besser. Auch jetzt können Sie lernen. Sie sind nicht zu alt dazu. Geben Sie nicht gleich auf. Manchmal muß man etwas hundertmal probieren, bis es dann klappt. Als Kind achteten Sie nicht darauf, was alles nicht klappen könnte (und nicht geklappt hat), sondern auf Ihre Erfolge, und Sie waren stolz darauf.

Es gibt keine Mißerfolge – es gibt nur Resultate

Lenken Sie Ihre Aufmerksamkeit auf das, was Sie noch nicht ausprobiert haben, was Sie bislang vernachlässigt haben, beispielsweise Ihre inneren Prozesse, Gefühle, Bilder usw.

Sie haben in Ihrem Leben Dinge gelernt, die Sie vor Jahren oder Jahrzehnten nicht für möglich gehalten hätten. Auch Ihre Überzeugungen haben sich verändert. Worüber werden Sie wohl in 10, 20 Jahren lächeln?

Sie müssen nicht alles logisch verstehen, um es anwenden zu können. Focusing werden Sie erst nach und nach verstehen. Trotzdem können Sie anfangen, es zu üben. Focusing heißt, sich etwas entwickeln zu lassen, mit dem Verstand nicht einzugreifen, absichtslos zuzuschauen und auf Ihre Körpersignale zu achten.

Worauf es beim Focusing ankommt

Im folgenden erkläre ich die drei Hauptsäulen des Focusing: den »felt sense«, das absichtslose Wahrnehmen und den richtigen Abstand.

Dem Unbewußten vertrauen: Der »felt sense«

Der felt sense ist der Kern des Focusing-Prozesses. Übersetzt heißt das in etwa »gefühlte Bedeutung« oder »der gespürte Sinn«. Im Focusing wird das spürbar und körperlich erlebbar, was an unbewußtem Wissen zum Problem vorhanden ist. Denn Sie wissen mehr, als Ihnen bewußt ist. In Ihrem Unbewußten sind alle Informationen gespeichert, die Sie zur Lösung Ihres Problems brauchen. Im Unbewußten ist alles vorhanden, was Sie jemals gelernt (und wieder vergessen) haben, alles, was Sie in Ihrem Leben unbewußt gelernt haben, und auch Informationen, die aus der Stammesgeschichte der Menschheit stammen.

Über den felt sense können Sie körperlichen Kontakt zu diesem unbewußten Reservoir aufnehmen. Denn dieses innere Wissen steht uns nicht ohne weiteres zur Verfügung, es ist nicht einfach abrufbar. Oft bedarf es eines Zugangs zu dieser »geheimen Quelle«. Dieser Zugang beinhaltet innere Achtsamkeit, absichtsloses Wahrnehmen und den richtigen Abstand.

Innere Achtsamkeit entwickeln

Focusing ist nicht nur eine Technik zur Lösung persönlicher Probleme, sondern ebenso eine Haltung und Einstellung.

Diese Grundhaltung des Focusing wird mit dem Begriff innere Achtsamkeit beschrieben. Die einzelnen Focusing-Schritte ergeben keinen Sinn und funktionieren auch nicht, wenn diese innere Grundhaltung der Achtsamkeit fehlt. Wer schon einmal meditiert hat, kennt diese Haltung. Doch Sie müssen nicht erst einen Meditationskurs belegen, bevor Sie focussieren können.

Focusing ist mehr als eine Technik

Innere Achtsamkeit ist ein Zustand, den Sie bereits kennen, aber kaum je bewußt genutzt haben. Wie Sie wissen, nehmen wir unbewußt viel mehr wahr, als uns bewußt ist. Das ist gut so, denn das Gehirn kann unmöglich alle Informationen, die auf es einströmen, verkraften. Es hat Filter, die dafür sorgen, daß nur das ins Bewußtsein kommt, was gebraucht wird. So ist uns lediglich ein Teil dessen bewußt, was geschieht. Während uns das Gehirn bewußt die Informationen präsentiert, die wir brauchen, um bestehende Aufgaben zu erledigen, geschehen in unserem Nervensystem eine Menge anderer Dinge.

■ *Ein Experiment für den Körper*

Schließen Sie bitte für einen Moment Ihre Augen (nachdem Sie dies gelesen haben). Dann konzentrieren Sie sich nach innen, also schauen, horchen und spüren in sich hinein. In jedem Augenblick geschieht etwas in Ihnen. Wenn Sie – noch – nichts spüren, sehen oder hören, dann fragen Sie sich einfach: »Wie fühlt sich das an, nichts zu spüren?«

Kein Mensch ist »leer«, auch wenn uns das manchmal so erscheint. Unbewußt läuft in uns in jedem Augenblick eine Menge ab: Körperempfindungen, Gefühle, Farben, Bilder, Stimmen, Töne, Gerüche oder Geschmäcker – wir nehmen sie meist nur nicht wahr, wir bemerken sie nicht und nehmen sie daher auch nicht ernst.

Unsere innere Welt ist wie eine Landschaft: Wenn wir sie betreten, erscheint uns vieles zunächst noch unklar, vernebelt, grau und undeutlich. Allmählich aber werden Konturen sichtbar: eine bestimmte Empfindung im Körper (kalt, warm, kribbelig o. ä.), ein Gefühl, innere Geräusche und viele Worte und Sätze im Kopf. Wenn wir unsere Sinne nach innen richten, also achtsam auf das sind, was in uns vorgeht, können wir diese Landschaften wahrnehmen und wie bei einem Spaziergang schauen, auf Töne und Geräusche hören, Stimmen erkennen, den Geruch und Geschmack wahrnehmen und unseren Körper spüren.

Denn jeder Mensch hat fünf Sinne: Sehen, Hören, Fühlen, Riechen und Schmecken. Damit nehmen wir unsere Außen- und Innenwelt wahr, damit denken wir. Leider haben wir nicht immer alle Sinne »beieinander«, so daß wir vieles in uns gar nicht mitkriegen und dann meinen: »Bei mir passiert nichts!« Daher ist es angebracht, hin und wieder die eigenen Sinne zu schärfen. Weniger die nach außen gerichteten, sondern die, die für die innere Wahrnehmung zuständig sind, denn die benutzen wir meist viel zu wenig.

■ *Wagen Sie ein kleines Experiment zur Sinnesschärfung*

Nehmen Sie sich ein paar Minuten Zeit. Schließen Sie die Tür, stellen Sie das Telefon ab und suchen Sie sich einen guten, ruhigen Platz. Setzen Sie sich bequem hin und schließen Sie die Augen. Nun achten Sie darauf, was vor Ihrem inneren Auge auftaucht. Sind es Farben, Bilder, Erinnerungen (als kleine Filme)...? Bleiben Sie dabei, bis es für Sie klarer, deutlicher wird, bis sich der »Nebel« etwas lichtet! Dann achten Sie auf das, was Sie innerlich hören. Sind es Geräusche, Töne, Stimmen? Oder ist es eine kleine Melodie? Wie klingt das? Angenehm oder eher kritisch-unangenehm? Lassen Sie sich Zeit. Achten Sie einfach nur auf das, was von selbst auftaucht, Sie brauchen nichts zu tun, lediglich beobachten! Vielleicht hören Sie ja nichts »Besonderes«. Achten Sie daher auch auf Kleinigkeiten, auch feine Geräusche machen »Musik«. Und jeder Mensch hat »Musik im Blut« – jetzt können Sie das eventuell hören. Oder spüren Sie eher einen bestimmten Rhythmus?

Sie können z. B. so nebenbei auf Ihren Atem achten. Wo spüren Sie ihn? Wie ist sein Tempo? Atmen Sie eher oben in der Brust oder mehr unten im Bauch? Geht Ihr Atem eher schnell und unregelmäßig oder langsam, ruhig? Vielleicht ändert sich das auch von einem Moment zum anderen. Passen Sie auf! Beobachten Sie! Sie brauchen nichts zu tun – Ihr Atem geht von ganz allein.

Nun schnuppern Sie mal. Was können Sie mit Ihrer Nase wahrnehmen? Gibt es einen speziellen Geruch, der auftaucht, oder einen Geschmack? Läuft Ihnen das Wasser im Mund zusammen, oder verziehen Sie Ihre Mundwinkel, wenn Sie an einen bestimmten Geschmack denken? Lassen Sie sich Zeit. In welcher Stimmung sind Sie jetzt? Wie fühlt sich das alles insgesamt an? Sie sind lediglich der Beobachter Ihrer »inneren Landschaft«; Sie brauchen sich mit nichts zu identifizieren. Lassen Sie die Übung noch eine Weile auf sich wirken und kommen Sie dann langsam wieder zurück. Machen Sie die Augen auf und schauen Sie, ob die »Außenwelt« noch genau so ist, wie Sie sie »verlassen« haben (Sie haben nun eine intuitive Bestandsaufnahme Ihres gegenwärtigen Zustands). Um innerlich achtsam sein zu können, benötigen Sie natürlich auch bestimmte äußere Bedingungen: ein bißchen Zeit, einen ruhigen Platz und die Gewißheit, daß die Welt in den nächsten paar Minuten nicht untergeht. Probieren Sie es täglich aus und profitieren Sie von Ihrer wachsenden inneren Achtsamkeit!

Ich weiß nicht, wie Sie die vorige Übung gemeistert haben. Vielleicht haben Sie nur einen Teil wahrgenommen, vielleicht nur etwas gespürt und nichts gesehen oder umgekehrt, vom Hören ganz zu schweigen. Vielleicht gingen Ihnen wieder mal Gedanken durch den Kopf, die viel wichtiger sind als Ihre »innere Landschaft«, die Sie ohnehin für öde halten. Vielleicht wollten Sie auch unbedingt etwas sehen, hören und fühlen? Und dann klappte es natürlich nicht. Haben Sie sich darüber geärgert? Waren Sie unfreundlich zu sich? Dann waren Sie nicht absichtslos genug.

Kooperation mit dem Unbewußten: Absichtsloses Wahrnehmen

Wenn der Wille sich anstrengt und etwas will oder nicht will, ist das noch lange keine Garantie dafür, daß dies auch gelingt. Oft genug scheitert Ihr Wille an unbewußten Einwänden. Denken Sie nur an die vielen Menschen, die aufhören wollen zu rauchen, sich nicht mehr überfressen wollen usw.! Bei vielen Menschen könnte letztendlich auf ihrem Grabstein stehen: »Er wollte – ein Leben lang!«

Doch natürliche Prozesse gehen ihre eigenen Wege. Und Focusing ist ein natürlicher Prozeß. Ihr Unbewußtes läßt sich nicht vorschreiben, was es zu tun und zu lassen hat, und läßt sich somit auch nicht ohne weiteres für Ihre Ziele einspannen, die Sie sich in den Kopf gesetzt haben. Um wirklich mit Ihrem Unbewußten in Kontakt zu kommen und Ihre »innere Landschaft« betreten zu können, müssen Sie lernen, ohne eine bestimmte Absicht wahrzunehmen, also alles zu nehmen, was kommt, und es auch so zu nehmen, wie es kommt!

Es gibt im Focusing kein Gut oder Schlecht, kein Richtig oder Falsch im herkömmlichen Sinn. Alles, was innerlich auftaucht, hat seine Berechtigung und seinen – wenn auch oft geheimen – Sinn. Ähnlich wie im autogenen Training wird einfach gespürt, was es zu spüren gibt, gesehen, was es zu sehen gibt usw., ohne es kontrollieren zu wollen, ohne es zu interpretieren und zu zensieren!

»Euer Tun sei Nicht-Tun«, meinte schon vor langer Zeit Lao Tze. Sie brauchen nichts zu tun – es geschieht alles von selbst, so wie Sie ja auch keinen Fluß anschieben müssen, damit er fließt (»Don't push the river«).

Schicken Sie Ihren Willen auf Urlaub

Sie brauchen nur Ihre Sinne offenzuhalten, d. h. Ihren inneren Scheinwerfer anzuschalten und zu beobachten, was auftaucht, freundlich und geduldig.

Wiederholen Sie noch einmal die vorige Übung zur inneren Achtsamkeit und schicken Sie dabei Ihren Willen auf Urlaub. Sobald

Sie merken, daß Sie anfangen zu denken, halten Sie inne und achten wieder auf Gefühle, Bilder, Töne, Gerüche und Geschmäcker hinter diesen Gedanken. Schicken Sie Ihre Gedanken freundlich weiter, Sie kennen sie bereits. Hier wollen Sie etwas Neues kennenlernen: ihre innere Welt. Erwarten Sie nichts, lassen Sie sich überraschen von dem, was kommt! Genießen Sie es und freuen sich über diese etwas andere Art, Ihre Sinne zu gebrauchen.

Den richtigen Abstand finden

Wenn Sie den felt sense zu einem Problem bilden möchten, dann ist der richtige Abstand sehr wichtig.

Denken Sie kurz an eine unsympathische Person und dann an eine, die Sie mögen. Welche steht Ihnen näher? Wohl die sympathische. In ihrer Nähe möchten Sie gerne sein, die unsympathische Person meiden Sie womöglich. Begegnet einem der »Unsympath«, wechselt man gern die Straßenseite, man geht auf Distanz. Dies machen wir uns im Focusing zunutze und sorgen von vornherein für einen guten Abstand zwischen uns und dem Problem. Dann sind unangenehme Menschen wie unangenehme Situationen auszuhalten. Das heißt aber nicht, daß Sie Ihr Problem möglichst weit weg schieben, so daß es außer Reichweite ist. Eine zu große Distanz verhindert nicht nur den Umgang mit Menschen, sondern auch die Lösung eines Problems. Denn zwischen Ihnen und dem Problem besteht zweifellos eine Beziehung, wenn auch eine problematische!

Sie wollen Ihr Problem ja besser verstehen, Sie brauchen also die Beziehung. Sie sollen sich weder mit Ihrem Problem identifizieren oder sich darin verlieren, noch es verdrängen, denn dann kommt es garantiert wieder zurück.

Sie brauchen den Abstand, der es Ihnen ermöglicht, Ihr Problem zu sehen, seine Ausstrahlung, seine Resonanz zu spüren, und der Sie aber auch wissen läßt, daß Sie eine eigene, unabhängige Person sind.

Sie sind nicht das Problem, Sie haben es!

Sie können Ihr Problem aus einem sicheren Abstand heraus anschauen, es auf sich wirken lassen, ohne daß Ihnen der Angstschweiß ausbricht. Sagen Sie sich den Satz: »Ich bin nicht das Problem – ich habe es.« So wie Sie alle möglichen Dinge in Ihrem Leben haben, so haben Sie eben auch Probleme. Sie gehören zu Ihnen, zu Ihrem Besitzstand, nur daß Sie sich bei diesem Besitz relativ sicher sein können, daß Ihnen den niemand streitig macht. Wenn Sie diesen optimalen inneren Abstand haben, können Sie den felt sense zum Problem als Informationsquelle nutzen. Das ist der Abstand, der es Ihrem Unbewußten ermöglicht, alles an Informationen zu sammeln und spürbar werden zu lassen, was zu Ihrem Problem gehört.

Wie wichtig dieser optimale Abstand ist, können Sie bei folgender kleinen Übung erfahren:

Übung: Übersicht schaffen

Wenn Sie jetzt schon Lust haben, sich auf Ihre Probleme einzustimmen (dazu gehört etwas Neugierde und Mut), dann nehmen Sie Papier und Stift und machen folgendes:

Schließen Sie die Augen und vergegenwärtigen Sie sich die Probleme, die Sie belasten. Sie brauchen nicht in Einzelheiten zu gehen, es genügt, sich eine Übersicht zu verschaffen, alle Probleme »aufmarschieren« zu lassen. Zeichnen Sie nun auf Ihr Blatt für jedes Ihrer Probleme einen Kreis, größere und kleinere, und schreiben Sie in diese Kreise ein Stichwort oder einen Namen für jedes Problem.

Benutzen Sie das ganze Blatt Papier. Breiten Sie ruhig alle Probleme in Form von Kreisen (mit dazugehörigem Stichwort, denn nur Sie brauchen zu wissen, um was es im einzelnen geht) darauf aus.

Wenn Sie alle Ihre gegenwärtigen Probleme eingezeichnet haben, zeichnen Sie sich selbst zu guter Letzt als Kreis (mit Ihrem Namen) ein. Haben Sie noch Platz? Können Sie sich irgendwo und irgendwie dazwischendrängen?

Dann drehen Sie das Blatt um oder nehmen ein neues und zeichnen sich selbst als Kreis in die Mitte. Ordnen Sie nun Ihre Problemkreise (dieselben von vorhin) so um sich herum an, daß sich der Abstand zu Ihnen für Sie gut anfühlt. Machen Sie das intuitiv, vertrauen Sie Ihrem Gefühl. Probieren Sie ein wenig herum, bis der Abstand stimmt.

Jetzt legen Sie den Stift beiseite und schauen sich nochmal beide Blätter bzw. beide Seiten an, die erste und die zweite. Was bemerken Sie? Was sieht besser aus, was fühlt sich besser an? Wo ist mehr Ordnung und Übersicht hinsichtlich Ihrer Probleme, und welche Resonanz löst das in Ihnen aus?

Spüren Sie den Unterschied? Vorausgesetzt, Sie haben sich wirklich erlaubt, es sich beim zweiten Mal besser gehen zu lassen. Oder waren Sie mit der ersten Zeichnung bereits so zufrieden, daß Sie sich dann gar nicht mehr die Mühe machten, noch etwas zu verbessern? Wie dem auch sei, falls Sie jetzt schon Abstand und Ordnung in Ihre Problemlandschaft gebracht haben, werden Sie sich erleichtert fühlen. Sie werden nun eher in der Lage sein, sich Ihren Problemen zuzuwenden, ohne darin zu versinken.

Während das erste Bild höchstwahrscheinlich zeigt, wie Sie derzeit mit Ihren Problemen umgehen (bzw. die Probleme mit Ihnen), demonstriert Ihr zweites Werk Ihnen, wie Sie künftig optimaler mit Ihren Problemen umgehen können.

Es zeigt aber eventuell auch, wie schwierig es sein kann, sich selbst zu erlauben, es sich besser gehen zu lassen.

»Ich kann doch nicht einfach mein Problem wegschieben«, höre ich manchmal in meinen Focusing-Kursen. »Das ist doch unrealistisch.« Probleme muß man ernst nehmen. Man muß mit ihnen in Kontakt bleiben, sie hautnah berühren. Erst dann kann man sie lösen. Kennen Sie diese inneren Einwände, die immer dann auftauchen, wenn Sie nahe dran sind, Schwierigkeiten einmal so anzugehen, daß es Ihnen selbst dabei gutgeht?

Focussieren lernen in sechs Schritten

Focusing-Schritte sind einfache Lernschritte, die sinnvoll aufeinander aufbauen.

Daher wird hier der Problemlösungsprozeß in Schritte aufgeteilt, auch wenn dieser Prozeß in Wirklichkeit etwas anders ablaufen mag, beispielsweise schneller oder in anderer Reihenfolge. Sobald bei Ihnen der Focusing-Prozeß in Gang gekommen ist, brauchen Sie diese Lernhilfen ohnehin nicht mehr, und Sie können sich ganz Ihrem inneren Erleben widmen.

Um Probleme zu lösen, bedarf es bestimmter Rahmenbedingungen. Daher heißt der erste Focusing-Schritt: Freiraum schaffen.

Der Schritt 1: Freiraum schaffen

Probleme brauchen Zeit und freundliche Aufmerksamkeit, etwas, was Sie ihnen bislang wohl zu selten gegeben haben. Denn im Problem selbst, in der Resonanz auf das Problem stecken noch so viele ungenützte Informationen, daß es wohl interessant genug ist herauszufinden, welche Möglichkeiten und Chancen denn speziell in Ihrem Problem stecken.

Und zweifellos können Sie sich von Ihrem Problem auch etwas erwarten: nämlich die Lösung! Wie Sie wissen bzw. zu Beginn des Buches gespürt haben, handelt es sich hierbei um ein Gefühl der Erleichterung, und diese Vorfreude sollte Sie dazu veranlassen, einige Vorbereitungen zu treffen, wie bei einem Ritual. Seien Sie also neugierig auf die Lösungsvorschläge Ihres Unbewußten und erwarten Sie sich auch einiges davon für Ihr restliches Leben!

Äußeren Freiraum schaffen

»Freiraum« bedeutet zunächst, daß Ihr Körper kein Gefängnis Ihrer kreativen Wahrnehmungen ist und daß Ihr Geist, wie schon in der Bibel angedeutet, »wehen kann, wo – und wie – er will«!

Das erste, was Sie brauchen, ist ein wenig Zeit. Dies können fünf oder zehn Minuten sein, für den Anfang reicht das. Wählen Sie also eine (Tages-)Zeit, in der Sie ohnehin mal Pause machen können und von anderen nicht gestört werden.

Wählen Sie einen Ort oder einen Raum, einen »guten Platz«, an dem Sie Ihr Problem einmal genauer und entspannter betrachten können. Nehmen Sie nicht den Platz, der ohnehin schon problembeladen ist, wie etwa den Schreibtisch oder einen anderen Arbeitsplatz. Nehmen Sie eher Ihren Lieblingsplatz, den Fernsehsessel, Ihren Schaukelstuhl, es kann aber auch die Badewanne oder das Klo sein, wenn dieser Ort für Sie Entspannung bedeutet.

Sie können beim Focussieren sitzen, liegen oder stehen. Für den Anfang ist es leichter, eine sitzende Position einzunehmen, denn allzu leicht zieht sich das Unbewußte manchmal mit Schlaf aus der Affäre. Später, nach einiger Übung, können Sie natürlich auch im Bett oder im Gehen focussieren.

Wenn Sie nun an Ihrem bequemen Lieblingsplatz sitzen und Sie für die nächsten Minuten ungestört sind, dann achten Sie ganz beiläufig einmal auf Ihre Körperhaltung:

- Wie sitzen Sie?
- Wie atmen Sie?
- Wie fühlen sich Hals, Nacken und Schultern an?

Die Problemhaltung

Sicherlich kennen Sie Ihre Haltung, die Sie einnehmen, wenn Sie über ein Problem nachdenken. Jeder Mensch hat zwar seine typische Problemhaltung, doch meist ähneln sie sich auffallend: Kopf nach unten, den Blick auf den Boden, Schulter nach vorne, oder der ganze Oberkörper ist vornüber gebeugt, vielleicht gestützt durch Arme oder Hände, das Zwerchfell ist eingeklemmt, und der Atem geht kurz und oberflächlich. Falls Sie jetzt merken sollten, daß Sie sich genau in dieser Haltung befinden, dann wissen Sie, daß Haltung und Ort im Moment nicht zusammenpassen.

- Holen Sie tief Luft, strecken Ihre Arme nach vorne und dann weit nach oben und verschränken Sie sie hoch über Ihrem Kopf. Sie können, wenn Sie wollen, dabei nun schon an Ihr Problem denken, das Sie lösen wollen.

Wenn Sie jetzt an Probleme denken, befinden Sie sich dabei in einer anderen Haltung, einer aktiveren und konstruktiveren. Diese Haltung beeinflußt Ihre Sichtweise und Ihre Gefühle. Wie fühlt sich das an – in diesem Moment? In dieser ressourcevollen Haltung haben Sie größere Chancen, Ihre Probleme zu lösen.

Ihre Sichtweise ändert sich, der Blick wird weiter, und Ihre Energien fließen freier durch den Körper. Sollte Sie dies an Entspannungstraining erinnern, so haben Sie recht. Aber auch ohne ausgedehntes Entspannungstraining können Sie sich in eine lösungsfreundliche Haltung versetzen, die Ihr Unbewußtes dazu befähigt, an Ihrem Problem zu arbeiten.

In der Problemhaltung liefert es Ihnen immer nur die problematischen Sichtweisen samt den Problemgefühlen. Die kennen Sie aber zur Genüge, und ich hoffe, Sie haben davon bald endgültig »die Nase voll«.

Natürlich können Sie auch zusätzlich Entspannungsübungen machen, die Sie bereits kennen, oder sich ein Buch über Muskelentspannung o. ä. aneignen. Das alles wird Ihnen helfen. Wichtig ist, daß Sie bereits äußerlich mit Ihrem Körper einen entspannten Rahmen schaffen, in dem dann Ihr Geist frei und kreativ arbeiten kann.

Denn wie Probleme sich vielfach auch körperlich zum Beispiel als Verspannungen von Muskeln und Gewebe äußern, so sorgt umgekehrt beispielsweise eine Muskelentspannung für einen geistreicheren Umgang Ihres Unbewußten mit dem Problem. Es sind auf diese Weise viel mehr Einfälle und Ideen möglich, die zu einer Lösung führen, als wenn Ihre kreative Energie sich immer nur im Spannungsfeld körperlicher Einschränkungen bewegt.

Körperliche Entspannung ist wichtig

Eine relativ schnelle und einfache Hilfe zur Entspannung ist die »Muskelentspannung nach Jacobson«, die nach dem Prinzip funktioniert: Ent-Spannung ist der Zustand nach der Spannung. An-Spannen, das können Sie, das tut Ihr Körper zur Genüge, darauf ist er trainiert, und darum fangen wir auch damit an. Sie brauchen also nur Ihren ganzen Körper anzuspannen: Krallen Sie die Zehen in den Boden, spannen Sie Waden, Oberschenkel und Gesäß an. Ziehen Sie dann den Bauch ein, die Schultern nach oben, fletschen Sie dabei ruhig die Zähne, schauen Sie so grimmig wie möglich und spannen noch Arme und Hände an. Sie können dabei die Hände zur Faust ballen und Ihre Oberarmmuskeln spielen lassen.

Lassen Sie die Augen ruhig fest geschlossen. Wenn Sie's schaffen, zählen Sie bei der Anspannungsphase bis sieben. Halten Sie die Spannung solange, wie Ihnen dies ohne Verkrampfung oder Schmerzen möglich ist. Aber geben Sie auch nicht zu früh auf. Halten Sie etwas durch, wie Sie vielleicht schon so manches im Leben aus- und durchgehalten haben. Fragen Sie Ihren Körper: Er weiß, wie das geht.

Wenn die Spannung auf diese Weise ihren Höhepunkt erreicht hat, lassen Sie ganz plötzlich los. Sie können sich hierbei auch ein inneres Kommando geben, wie »loslassen« oder einfach »los«. Machen Sie das plötzlich, nicht zögerlich und schrittweise. Lassen Sie los, halten Sie an nichts mehr fest. Keine Angst, Sie fallen weder in sich zusammen noch vom Stuhl! Ihr Körper behält die notwendige »gute Spannung« (Eutonie) bei.

Doch auch Nichts-Tun, also Los-Lassen, braucht Übung, und so werden Sie wahrscheinlich erst nach einigen Anläufen das Gefühl nach der Spannung so richtig genießen können. Denn was sich nach dem Loslassen einstellt, ist Ent-Spannung reinster Qualität! Ohne daß Sie dafür speziell etwas getan hätten, denn Sie haben sich ja nur angespannt, so gut es ging.

Wichtig: Wenn Sie diese Übung machen und körperliche Handikaps haben, wie z. B. Arm- und Beinbrüche, Operationsnarben an empfindlichen Stellen, Muskelzerrungen, Bänderrisse u. ä., dann achten Sie ganz besonders auf die Reaktion Ihres Körpers. Spannen Sie behutsam an und nur so weit, wie es Ihr Körper zuläßt. Sie können auch besagte Stellen überspringen und gleich zur nächsten gehen. Selbstverständlich können Sie sich zur Entspannung auch von einem lieben Menschen massieren lassen, sich in den Liegestuhl legen oder ein heißes Bad nehmen.

Zugang zu den persönlichen Ressourcen finden

Der erste Focusing-Schritt (Freiraum schaffen) sollte nicht allzu lange Zeit beanspruchen (in der Praxis genügt dafür vielleicht eine Minute). Statt Ihren Körper zu entspannen, um ihn durchlässiger für Ihre unbewußte Kreativität zu machen, können Sie auch einfach Ihre Gedanken in angenehme Gefilde lenken. Statt auf das Problem wie das Kaninchen auf die Schlange zu starren, erlauben Sie sich, an Situationen in Ihrem Leben zu denken, in denen Ihnen tatsächlich etwas gelungen ist, z. B. ein anderes Problem zu lösen, eine schwierige Lage zu bewältigen oder ähnliches. Sie brauchen dabei nicht zu wissen, wie Ihnen das gelungen ist. Erinnern Sie sich einfach nur daran, daß es solche Momente in Ihrem Leben gab! Auch wenn Sie jetzt keine bildhafte Erinnerung an eine solche Situation haben, spüren Sie nach, welches Gefühl es ist, etwas geschafft zu haben.

Ich nenne dies Ressourcen-Situationen: Situationen, in denen Sie im Vollbesitz all Ihrer bewußten und unbewußten Fähigkeiten waren, Fähigkeiten, die Ihnen damals intuitiv zur Verfügung standen, Ihnen aber jetzt – angesichts Ihres speziellen Problems – fehlen.

Und auch in einer solchen Situation waren Sie in einer bestimmten – geistigen wie körperlichen – Haltung bzw. Einstellung: einer Ressourcen-Haltung (im Unterschied zur Problemhaltung)! Um diese Ressourcen-Haltung in Ihrem Leben fest zu verankern, damit Sie auch in problematischen Zeiten über sie verfügen können, schlage ich eine kleine Übung vor:

Übung: Ihr persönlicher Ressourcen-Kreis

Stellen Sie sich eine Zeit vor, in der Sie etwas sehr gut gemacht haben. Erleben Sie es nochmal: Was sehen Sie? Was hören Sie (eventuell Selbstgespräche)? Was fühlen Sie dabei?

Wenn die Erinnerung klar ist, imaginieren Sie einen farbigen Kreis vor sich auf dem Boden. Nehmen Sie einen tiefen Atemzug und steigen Sie in den Kreis hinein.

Bleiben Sie im Kreis stehen und gehen Sie nochmals voll in diese Erinnerung hinein: Wie fühlt sich das an? Welche Bilder tauchen auf? Gibt es Geräusche, Stimmen, Musik oder vielleicht auch Gerüche oder etwas zu schmecken? Lassen Sie alles sinnlich auf sich einwirken, so daß Sie einen intensiven Eindruck davon haben. Genießen Sie die Stimmung, die innere Aura oder die Resonanz und überlegen sich ein dazu passendes Codewort: Dies kann irgendein Wort sein, welches für das soeben Erlebte steht, für das Gefühl oder die Stimmung.

Dann treten Sie wieder aus dem Kreis heraus, strecken oder schütteln sich kurz und schauen um sich. Sie sind wieder in der »realen« Welt.

Dann gehen Sie alles noch einmal durch, diesmal in Kurzform: Erinnern Sie sich an eine Zeit, an ein Erlebnis voller Ressourcen. Sehen Sie den farbigen Kreis, holen tief Luft, sagen sich das Codewort und steigen in den Kreis. Bleiben Sie solange in der Kreismitte, bis Sie das Ressourcen-Gefühl wieder voll erleben. Gehen Sie dann nach vorne aus dem Kreis heraus, Richtung Zukunft. Nehmen Sie das Gefühl, die Stimmung, die innere Haltung mit.

Wiederholen Sie diese Übung noch einige Male, damit dies neue Muster etabliert wird und Ihnen immer zur Verfügung steht, wenn Sie es brauchen.

Das kann am Beginn eines Problemlösungsprozesses wie Focusing stehen, aber auch wertvoll sein in jeder anderen Situation, in der Sie mehr Energien brauchen können.

Ihren ganz persönlichen Ressourcen-Kreis können und sollen Sie überall mit hinnehmen, um möglichst ein Höchstmaß all Ihrer –

vor allem unbewußten – Fähigkeiten und Kraftquellen zur Verfügung zu haben.

Die Suche nach Kraftquellen

Bevor Sie sich einem – oder mehreren – Problemen zuwenden, ist es wichtig, sich ganz bewußt und mit allen Sinnen an die Kraftquellen zu erinnern, die Ihnen irgendwann im Leben zur Verfügung standen und zu denen Sie derzeit keinen Zugang haben. Denn im Prinzip verfügen Sie über all die Mittel, die Sie brauchen, um Ihre Probleme zu lösen. Ihr Unbewußtes und Ihr Körper haben alle Ressourcen gespeichert. Das Problem ist: Sie haben gerade meist dann keinen Zugang zu ihnen, wenn Sie sie dringend brauchen.

Laden Sie bewußt Ihr Unbewußtes mit allen Energien auf, die Sie seinerzeit hatten und machen Sie sie damit gegenwärtig. Gehen Sie auch ruhig in die Körperhaltung, die Sie damals eingenommen hatten, damit ist die Ressource »geankert«. Sie können dann in Zukunft über diese Kraftquelle verfügen, wenn unliebsame Situationen bevorstehen.

Wenn Sie Lust haben, können Sie auch ganz gezielt nach ressourcevollen Erlebnissen in Ihrem Leben suchen, sie nochmals voll erleben (mit allen Sinnen, Sie wissen schon ...!) und damit Ihren magischen Kreis aufladen. Je mehr Sie finden, desto besser. Doch auch ein kraftvolles Erlebnis tut bereits seine Wirkung – selbst wenn Sie bis in die Kindheit zurückgehen müssen. Da liegen oft ganz wertvolle Schätze, die Sie bisher übersehen haben. Entscheidend ist, daß Sie sich jetzt in solche Situationen hineinträumen können. Genießen Sie Ihre Träume, sie begleiten Sie überallhin! So gestärkt und entspannt können Sie sich nun endlich all den widrigen und unbequemen Schwierigkeiten zuwenden, die Sie derzeit belasten.

Inneren Freiraum schaffen

Sie können sich fragen: »Was belastet mich in meinem Leben?« oder (etwas ironisch) »Mir geht's doch toll heute, oder?«. Dann warten Sie auf die Antwort des Körpers. Achten Sie hierbei auf

Ihre Körpermitte, den Bereich im Bauch-Brust-Raum. Um da hineinzukommen, machen Sie am besten gleich folgende kleine Übung:

■ *Übung zur Körpersensibilisierung*

Konzentrieren Sie sich auf Ihre rechte große Zehe. Nehmen Sie mit ihr Kontakt auf, vielleicht, indem Sie sie etwas bewegen und mit ihr spielen. Dann lenken Sie Ihre Aufmerksamkeit auch auf die linke Zehe, nehmen Kontakt auf und bewegen sie.

Konzentrieren Sie sich anschließend auf Ihre Knie, nehmen Kontakt auf, spüren hinein und gehen dann weiter zu Ihrer Unterlage (Stuhl, Sessel, Bettkante o. ä.) und spüren dort den Kontakt mit Ihrem Körper. Als nächstes richten Sie Ihre Aufmerksamkeit auf Ihre Körpermitte, in den Bauchraum.

Achten Sie darauf, was sich entlang Ihrer Mittellinie, im Bauch- und Brustbereich bewegt. Nehmen Sie hierzu Kontakt auf, begrüßen Sie das, was auftaucht, und nehmen es erst einmal an! Diese kleine Übung ist sehr hilfreich, um mit dem eigenen Körper in Kontakt zu kommen, und wird von Gendlin empfohlen.

Wenn Sie auf diese Weise in Ihrer Mitte sind, können Sie sich dem zuwenden, was Sie derzeit belastet. Hierzu fragen Sie Ihren Körper. Etwa: »Was ist so unbehaglich?« Oder, wenn das Gefühl noch zu diffus ist: »Geht's mir gut?« – »Ist alles in Ordnung?« – »Wie geht es mir jetzt in meinem Leben?«

Probieren Sie diese oder ähnliche Fragen und achten Sie auf die Resonanz in Ihrer Körpermitte.

Sie verkörpern Ihre Probleme

Unser Körper trägt quasi etliche unserer Schwierigkeiten und Probleme, ohne daß dies uns jeweils bewußt wird. Wir wundern uns dann nur, warum etwas nicht gelingt, wieso wir in »mieser Stimmung« sind und dergleichen.

Deshalb ist es gut und sinnvoll, das, was vom Körper getragen wird, bewußt werden zu lassen, um es dann in einem nächsten Schritt herauszustellen.

Die Probleme, die zur Zeit in Ihrem Körper Unbehagen hervorrufen, begrüßen Sie erst einmal und stellen sie freundlich vor sich hin. Wie beispielsweise einen Besucher, der hereinstürmt und unbedingt etwas von Ihnen will und den Sie erstmal bitten, Platz zu nehmen; auf den Sie dann zurückkommen, wenn auch Sie sich entspannt, tief Luft geholt oder für einen Augenblick den Raum verlassen haben. Hartnäckige Besucher hinauszuwerfen hat wenig Sinn; sie kommen meist zurück und sind dann noch penetranter. Machen Sie es mit Ihren Problemen ebenso: Setzen Sie eins nach dem anderen vor sich hin und versichern Sie ihnen, daß Sie sogleich wieder auf sie zurückkommen werden, sobald Sie sich Zeit und einen entsprechenden Ort dafür ausgesucht haben (vgl. »Äußeren Freiraum schaffen«, S. 38).

Wenn Sie sich also fragen: »Geht's mir gut?« oder »Was belastet mich in meinem Leben?« und auf Ihre Körpermitte achten, werden Sie von da Antwort bekommen: Meist ist die Antwort nicht verbal oder logisch verstehbar, aber sie kann körperlich deutlich gespürt werden. Fragen Sie beispielsweise »Ist alles in Ordnung?«, kann vielleicht eine spürbare »Nein«- bzw. »Äh«-Reaktion kommen. Daran merken Sie, daß etwas Belastendes vorhanden ist. Achten Sie auf Ihren Körper, auf die Mitte, und warten ab, was als nächstes auftaucht.

Dann wird es sich etwas deutlicher herausschälen. Sie merken: »Ah, genau, das ist es ...!« und können es herausstellen bzw. es vor sich »Platz nehmen« lassen. Sie brauchen das Problem noch nicht zu lösen oder zu bearbeiten, Sie behalten es zunächst einfach im Auge und kommen darauf zurück. Sie haben Raum geschaffen für sich und das Problem. Das allein ist schon eine Erleichterung. Sie sind nun frei und mehr im Hier und Jetzt!

Es müssen keine großen Sensationen sein, die Sie derzeit belasten. Gerade sogenannte Kleinigkeiten sind es oft, die im Körper weiterarbeiten, während man doch viel wichtigere Dinge im Kopf hat.

Befreien Sie Ihren Körper

Die Antwort auf Ihre Frage spüren Sie also als körperliche Reaktion; die Worte sind lediglich eine ungefähre Umschreibung dessen, wie der Körper antwortet. Wie gesagt, er tut dies meist nicht mit Worten, aber es läßt sich in etwa so übersetzen. Auf diese Weise entsteht ein Überblick über all das, was derzeit Ihr Erleben trübt, und der Körper wird davon befreit. Er kann (und wird) aufatmen, obwohl die Probleme im eigentlichen Sinn noch gar nicht bearbeitet sind. Oft ist dies auch gar nicht nötig: Es genügt manchmal schon, Abstand zu schaffen, um damit leben zu können.

Allein schon das bewußte körperliche Erkennen der Belastungsmomente und das Herausstellen schafft Erleichterung und ermöglicht es Ihnen, präsent zu sein! Die Schwierigkeiten können warten, sie rumoren nicht mehr, behindern Sie nicht mehr, und Sie sind frei, sich dem Gegenwärtigen zu widmen.

Verschaffen Sie sich Überblick

Diese Übung des Herausstellens ist zwar noch keine Problemlösung, aber die Vorstufe, und sie kann, unabhängig davon, was Sie gerade tun, immer dann durchgeführt werden, wenn Sie das diffuse Gefühl haben, daß Sie irgend etwas belastet.

Sie klärt Ihr inneres Erleben, sortiert das Belastungsmaterial und macht Ihren Körper (und Geist) frei für die Gegenwart.

Bevor Sie also an die Arbeit gehen, während Sie auf den Bus warten oder im Restaurant auf das Essen, können Sie einen solchen Klärungsprozeß durchlaufen. Sie werden in der Zeit sicher kein Problem lösen (das kommt später, wenn Sie mehr Zeit und Geduld haben), aber Sie erleben, was ansteht, erhalten einen Überblick und sind körperlich entlastet. Dadurch können Sie auch klarer denken und brauchen Ihren Geschäften nicht mehr mit geteilter Aufmerksamkeit nachzugehen. Sie sehen Ihre Probleme als Ganzes und verlieren sich nicht in Einzelheiten. Sie stellen sie erstmal vor sich oder neben sich ab (ohne sie aus den Augen zu verlieren) und verlassen sich darauf, daß Sie – wenn nötig – bald auf das zurückkommen werden, was wirklich wichtig ist.

Geben Sie Ihren Problemen Namen

Es ist nützlich, die herausgestellten Belastungen (Probleme) kurz zu benennen. Etwa: Dies hier ist Problem X, und das da ist Y. Nur Sie müssen wissen, was sich hinter den Etiketten verbirgt, nur Sie kennen Ihre Probleme, und das genügt. Hauptsache, Sie können das eine vom anderen unterscheiden. Und dann entscheiden, welchem Sie sich als erstes (oder nächstes) widmen wollen.

Betrachten Sie Ihr Problem als Ganzes

Stecken Sie alles, was mit Ihrem Problem zusammenhängt, in einen großen Sack oder packen es in einen Koffer und stellen Sie ihn in Ihrer Nähe ab: vor sich oder neben sich, Hauptsache, Sie verlieren den Kontakt nicht.

Sie werden merken, daß sich Ihr Körper nun freier und erleichtert fühlt. Dies wird im Focusing »bodyshift« genannt. Der Körper ist entlastet (statt wie vorher belastet).

Achten Sie auf den richtigen Abstand

Spüren Sie, daß es Ihnen zu eng wird oder daß Ihr Problem Ihnen auf den Pelz rückt, dann achten Sie besonders auf den richtigen Abstand. Denn nicht immer ist es egal, in welchem Abstand Sie Ihre Probleme vor sich hinstellen. Ist der Abstand zu gering, sind Sie also zu nah am Problem, schnürt es Ihnen die Kehle oder den Magen zu. Ihr Körper wird sich nicht wohl fühlen und nicht in der Lage sein, Ihnen neue Ideen oder Informationen für die Lösung zu liefern.

Ist der Abstand zu groß, das Problem also zu weit weg, so daß Sie es selbst kaum noch sehen können, fühlt sich der Körper zwar zunächst gut, aber er verliert den Kontakt zum Problem, hat keine Beziehung mehr zu dem, was bearbeitet werden soll, und kann so ebenfalls keine Lösung liefern.

Sie sehen, wie wichtig es ist, den richtigen Abstand zu wählen. Dann nämlich ist Luft zwischen Ihnen und Ihrem Problem, und Sie können sagen: »Ich habe ein Problem, aber ich bin es nicht! Zwischen mir und meinem Problem ist Abstand. So habe ich Überblick, kann das Ganze sehen und spüren. So kann mein Körper alle Informationen zu diesem Problem auf einmal wahrnehmen, was mein Gehirn nicht kann.«

Legen Sie jetzt eine kurze Pause ein, strecken Sie sich, holen Luft und machen Sie dann eine kleine Übung, in der Sie lernen, den richtigen Abstand zu finden.

Eine Übung für den richtigen Abstand

Sollten Sie einen vertrauten Partner in Ihrer Nähe haben, dann bitten Sie ihn, Ihnen bei der kleinen Übung behilflich zu sein (das kann im Grund jeder), ansonsten probieren Sie es ruhig allein.

Haben Sie eine(n) Partner/in, dann bitten Sie ihn/sie, einfach nur zuzuhören und sich etwas Zeit zu nehmen. Nehmen Sie sich einen Stuhl (bzw. zwei) und einen Tisch, wobei der Tisch ebenfalls ein Stuhl sein kann, der bei dieser Übung als Tisch gilt. Es geht nämlich darum, die Probleme auf den Tisch zu legen.

Bedienen Sie sich hierbei einiger Symbole, die für die verschiedenen Probleme stehen, z. B. eine Zigaretten- oder Streichholzschachtel, ein Glas oder einfach Gegenstände, die Sie bei sich führen, wie ein Taschentuch, einen Schlüsselbund, den Geldbeutel usw.

Statt nun mit Ihrem Partner wie sonst üblich über das Problem zu reden und dabei immer mehr in Fahrt zu kommen, stellen oder legen Sie nun Ihre Probleme symbolisch auf den Tisch. Gehen Sie also für einen Augenblick nach innen, fragen Sie sich: »Wie geht's?« oder »Was belastet mich?« Dann kommt meist schon eine Körperreaktion als Antwort. Achten Sie auf die Qualität dieser Antwort. Oder Sie fragen, nachdem Sie kurz über Ihre Zehen, die Knie und Ihr Gesäß in die Körpermitte gefunden haben: »Was belastet mich derzeit in meinem Leben? Gibt es etwas, was mir Unbehagen bereitet?«

Falls Sie möchten, können Sie auch eine Situation nehmen, die Ihnen Schwierigkeiten macht oder zu machen droht. Achten Sie auf die Körpermitte, spüren Sie, ob etwas Gewichtiges kommt, das Ihnen signalisiert: »Ja, das ist es, das ist das Problem, das mir so zu schaffen macht, das ist wichtig.« Suchen Sie nach einem

Symbol, also einem Gegenstand, der dieses Problem versinnbildlichen kann. Stellen Sie sich vor, daß dieser Gegenstand Ihr Problem vorübergehend darstellt. Sagen Sie laut: »Das ist das Problem X oder Y« und legen es vor sich auf den Tisch. Sie brauchen nicht zu erklären oder zu schildern, warum dies ein Problem ist. Sie wissen ja, dies ist speziell Ihr Problem; Sie haben eine »nette Beziehung« dazu, für jemand anderen muß das längst nicht so sein. Es gibt verschiedene Sicht- und Spürweisen!

Die Probleme auf den Tisch legen

Stellen oder legen Sie Ihr Problem also symbolisch auf den Tisch und bitten Sie Ihren Partner, den Tisch so nach vorn oder hinten zu verschieben, bis Sie das Gefühl haben: »Das ist der richtige Abstand, so kann ich es aushalten.« Achten Sie auf Ihren Körper. Er wird Ihnen ganz genau signalisieren, wenn der Abstand stimmt.

Bitten Sie Ihren Partner, den Abstand zu variieren, den Tisch einige Male zu verschieben, nach vorne, seitlich oder mehr nach hinten, bis Ihr Körper Ihnen das Signal gibt: »Stopp, das stimmt so.«

Wenn Sie diese Übung allein machen, müssen Sie öfter aufstehen und selbst den Tisch verrücken. Das ist etwas umständlicher und dauert länger, doch es geht auch. Besser ist, den eigenen Abstand zum Tisch zu verändern, also mit dem eigenen Stuhl hin und her zu rücken, bis Sie den richtigen Abstand gefunden haben.

Wenn der Abstand stimmt und Sie das körperlich spüren, schauen Sie kurz nach innen und fragen sich, wie es Ihnen geht. Wie fühlt sich die Körpermitte an? Ist das Gefühl vage und verschwommen oder bereits eindeutig? Können Sie das Gefühl benennen?

Die körperliche Bedeutung des Problems spüren

Bleiben Sie noch etwas dabei und achten auf dieses körperlich spürbare Empfinden, auf die körperliche Bedeutung des Problems. Im Focusing nennt man das den »felt sense«.

Und so wären Sie bereits beim nächsten Schritt, aber zunächst machen Sie nun Pause, bleiben bei Ihrem felt sense und spüren, wie sich das im Körper anfühlt: Sie sitzen auf dem Stuhl, vor sich, in einem angemessenen Abstand, das Problem, dazwischen »frische Luft«. Es gibt einen Unterschied zwischen Ihnen und Ihrem Problem. Sie können es als Ganzes anschauen und im Körper spüren. Ihr Körper liefert Ihnen die entsprechenden Kommentare zum Problem – freilich nur, wenn Sie auch die nächsten Schritte aufmerksam verfolgen. Besonders die kleinen Schritte sind hier von Bedeutung, die eher leisen, unscheinbaren und vorerst noch unklaren. Das bedeutet, innere Achtsamkeit zu entwickeln und alles wahrzunehmen, was aus diesem felt sense heraus auftaucht. Legen Sie auf diese Weise auch alle anderen Probleme, Schwierigkeiten und Unannehmlichkeiten auf den Tisch, so daß Sie einen vollen Überblick erhalten. Dabei können Sie die einzelnen Symbole unterschiedlich auf dem Tisch anordnen, so daß auch auf diese Art der Abstand verschieden ist.

Sind Sie fertig, packen Sie Ihre Symbole wieder zusammen: Die Probleme gehören noch zu Ihnen, Sie »haben« sie noch. Vielleicht hat Ihr(e) Partner(in) Lust, seine/ihre Probleme ebenfalls auf diese Art anzugehen. Er/sie braucht dabei nicht zu reden, sondern nur nach innen zu gehen und zu spüren, wie sich das alles im Körper anfühlt. Die Gedanken gehen »auf Urlaub« bzw. werden freundlich, jedoch bestimmt weitergeschickt. Achten Sie dabei auf seine/ihre Körperhaltung, die Atmung oder auf die bodyshifts, die körperlichen Veränderungen, die angesichts der unterschiedlichen Probleme entstehen. Sie können ihm/ihr anschließend hierüber Rückmeldung geben.

Diese Übung sollte Ihnen ein Gefühl für den richtigen Abstand geben. Danach können Sie Ihre Probleme auch ohne diese etwas umständliche Prozedur herausstellen, so daß der Abstand stimmt. Wie Sie gemerkt haben, können Sie sich darauf verlassen, daß Ihr Körper diesen richtigen Abstand spürt. Er reagiert mit einer gewissen Erleichterung, einem Aufatmen, obwohl die Probleme noch nicht gelöst sind. So aber können Sie weitermachen und herausfinden, was Ihr Körper noch alles zum Problem zu sagen hat.

Eins nach dem anderen

Wenn Sie mehrere Probleme herausgestellt haben, achten Sie unbedingt darauf, jeweils nur eins zu bearbeiten – nach dem Motto: eins nach dem anderen.

Das ist sinnvoll, denn meist hängen mehrere Probleme zusammen und lösen sich auf, wenn das zentrale Problem gelöst ist. Verschaffen Sie sich also einen Überblick über das, was Sie belastet, indem Sie es vor sich herausstellen, es benennen und auf den optimalen Abstand achten, den Sie körperlich spüren.

Manchmal tauchen Probleme auf, die es in sich haben. Oder man wird von einem Problem überwältigt, kommt nicht mehr los.

Hier ist es ganz wichtig, sich seiner Ressourcen zu versichern (vgl. Ressourcen-Kreis), sich viel Freiraum zu geben und gelassen zu sagen: »Es kann mich ruhig überschwemmen.« Dann nämlich ist die Angst davor verschwunden, und das Befürchtete tritt nicht ein.

Bei großen Brocken, die Sie zu überrollen drohen, schaffen Sie gleich den nötigen Abstand! Verschmelzen Sie nicht mit dem Problem, aber begrüßen Sie es. Stellen Sie es sofort auf den imaginären Tisch, in ein Regal oder einen Schrank (den Sie ruhig zusperren können). Dann atmen Sie auf und achten auf das körperliche Entlastungsgefühl. Wenn Sie meinen, nicht von einem Problem lassen zu können, indem Sie es herausstellen, dann bedenken Sie, daß Sie Ihr wichtiges Problem nur dann als Ganzes bearbeiten können, wenn Sie es vor sich haben! Erst wenn Sie Ihr Problem von allen Seiten aus einer ganz bestimmten Entfernung anschauen und begreifen können, haben Sie den richtigen Kontakt zu ihm. Dann erst erhalten Sie die Informationen, die Sie zur Lösung brauchen.

So manch einer, der direkt vor einem Berg steht, verzagt und zweifelt daran, ob er jemals hochkommt. Er sieht die Steilwand und weiß, er schafft es nicht. Es kostet zuviel Kraft. Doch tritt er zurück und betrachtet sich den Berg aus der Ferne, erscheint er durchaus besteigbar. Er sieht dann sogar außer der »Direttissima«, der Route, die umweglos zum Gipfel führt, noch Wanderwege und manchmal auch einen Sessellift. Kommt er dann oben am Gipfel an, hat er noch genug Kraft, sich über den Ausblick zu freuen und die herrlich klare Luft zu genießen.

Kommt er über die Steilwand zum Gipfel, muß er gleich wieder an den Abstieg denken, hat kaum Zeit und ist völlig damit beschäftigt, wieder zu Atem und zu Kräften zu kommen. Der Abstieg ist dann das nächste Problem.

Deshalb: Gehen Sie am besten nicht mit dem Kopf durch die Wand, sondern einige Schritte zurück und besehen sich schwierige Probleme aus einiger Entfernung! Sie haben dann das Ganze im Blick, und Ihr Körper weiß die Antworten, die Sie suchen.

Übungen und zusammenfassende Tips zum Freiraum

Zum Abschluß dieses Kapitels möchte ich Ihnen einige Übungen vorstellen, die Sie leicht tagsüber, wo immer Sie sind, machen können. Dabei lernen Sie – so ganz nebenbei – innere Achtsamkeit zu entwickeln, auf Ihren Körper zu hören, ihn zu spüren sowie auf seine Resonanz zu achten.

- Folgende Übung läßt sich leicht im Liegen ausführen, am besten morgens oder abends im Bett. Gerade am Morgen ist diese Übung gut geeignet, mit dem eigenen Körper auf angenehme Weise in Kontakt zu kommen.
  Legen Sie sich auf eine Unterlage und strecken sich lang aus. Die Füße liegen nebeneinander und die Arme neben dem Körper.
  Nun spüren Sie, wo überall Ihr Körper den Boden bzw. die Unterlage berührt. Konzentrieren Sie sich auf diese Stellen und wie sich diese Stellen dabei anfühlen.
  Lassen Sie Ihren Atem frei fließen, in dem Ihnen genehmen Rhythmus.
  Dann gehen Sie mit Ihrer Aufmerksamkeit in die Körpermitte, beobachten eine Weile Ihren Atemrhythmus und legen Ihre beiden Hände auf die Bauchgegend. Spüren Sie durch Ihre Hände das Ein- und Ausatmen und den ganz besonderen Rhythmus. Vielleicht ändert sich der Rhythmus unter Ihren Händen, wird ruhiger oder schneller...
  Nehmen Sie das alles wahr, verändern Sie nichts, aber beobachten Sie jede Veränderung und heißen sie willkommen. Achten Sie auf das spezielle Körpergefühl in Ihrer Mitte, auf die »gefühlte Bedeutung« (den felt sense).

Fragen Sie sich: »Braucht mein Körper jetzt noch etwas« oder »Was täte meinem Körper jetzt gut?«. Gehen Sie dem nach und betrachten dies als Signal für den Tagesanfang oder das Tagesende.

- Beachten Sie auch im Alltag immer wieder zwischendurch Ihren Körper: die Haltung, ob sie angenehm und bequem ist oder nicht. Achten Sie auf Ihre Atmung, auf die Stimmung in Ihrer Körpermitte.
  Verändern Sie gegebenenfalls Ihre Haltung, bis sie wieder stimmt.
  Begrüßen Sie auftauchende Ideen und Gedanken als richtungsweisende Impulse!

- Immer, wenn Sie in Ihrem Alltag etwas Neues erleben, Sie in fremde Räume kommen, anderen Menschen begegnen oder ungewohnte Situationen auf Sie zukommen, achten Sie auf Ihre »körperliche Resonanz«.
  Entscheiden Sie dann anhand dieser Resonanz, wie Sie sich verhalten: Fassen Sie Vertrauen und gehen auf andere zu, oder sind Sie vorsichtig oder gar mißtrauisch und meiden eher den Kontakt? Ihr Körpergefühl (felt sense) gibt Ihnen hierzu Hinweise.

- Bevor Sie zu Hause focussieren, suchen Sie sich zuerst einen angenehmen Focusing-Platz aus.
  Gehen Sie durch Ihre Räume und lassen Ihren Körper entscheiden, welchen Raum er wählt. Das Resonanzgefühl in Ihrer Mitte gibt Ihnen die entsprechende Antwort. Gehen Sie dann im Raum umher und betrachten die verschiedenen Orte, die für das Focusing in Frage kämen.
  Gehen Sie nach innen und achten auf Hinweise in Ihrer Körpermitte. Probieren Sie die Plätze aus und fragen Ihren Körper, ob er sich an diesem Platz wohl fühlt, oder ob ein anderer besser wäre. Wählen Sie so Ihren Focusing-Platz. Dieser Platz kann sich auch wieder ändern. Achten Sie also jeweils darauf, ob der Platz noch stimmt. Sie können dies körperlich ganz deutlich spüren.

- Spannend und aufschlußreich kann es auch sein, ganz alltägliche Gegenstände zu focussieren. Dies kann ein Aschenbecher

in der Kneipe, eine Wasserflasche beim Essen oder ein Pappbecher auf der Straße sein.
Lassen Sie diese Dinge aus einigem Abstand auf sich wirken und warten auf das Körpergefühl in der Mitte. Schließen Sie dann eventuell die Augen und seien Sie gespannt, was daraus auftaucht. Öffnen Sie Ihre Augen wieder und vergleichen Ihre inneren Symbole mit der Realität. Das kann manchmal ganz schön überraschend sein.

Der Schritt 2: Der Körper weiß die Antwort (die Bildung des »felt sense«)

Nun sind Sie bereit für den nächsten Schritt: den felt sense zu spüren. Er ist Ihnen nicht mehr unbekannt, Sie haben ihn bereits bei den Übungen des öfteren automatisch gespürt. Jetzt sollen Sie ein deutlicheres Gefühl für ihn bekommen, um ihn künftig gezielt befragen zu können.

In diesem Schritt konzentrieren Sie sich nun auf das meist noch vage Körpergefühl im Bauch-Brust-Raum.

Denn durch das Raum-Schaffen, das Herausstellen von belastenden Problemen hat sich Ihre Beziehung zum Problem bereits gewandelt. Eine spürbare Erleichterung ist die Folge! Diese Bewegung wird im Focusing »felt shift« oder auch »bodyshift« genannt. Sie resultiert aus dem felt sense zum herausgestellten Problem. Was also ist dieser felt sense genau? Zwar ist in die Problembeziehung etwas Bewegung gekommen, aber die Lösung ist noch nicht in Sicht. Man kann das Problem zwar besser aushalten und damit leben, aber Sie spüren deutlich: »Es fehlt noch etwas.« Und dazu brauchen Sie die Empfindung des felt sense zum ursprünglichen Problem.

Es geht um die Qualität des Problems, die Sie körperlich spüren können: die körperlich gefühlte Bedeutung (nicht das, was Sie alles schon im Kopf dazu wissen). Achten Sie also auf die körperliche Resonanz im Bauch-Brust-Raum, die sich angesichts des herausgestellten Problems einstellt.

Gehen Sie wieder von unten (angefangen beim kleinen Zeh) in Ihre Körpermitte und fragen sich, was denn die Qualität des Ganzen ist. Lassen Sie sich Zeit und warten Sie geduldig auf die Antwort. Auch wenn das Gefühl in der Mitte verschwommen ist: Schenken Sie dieser Körperantwort Aufmerksamkeit und warten, was weiter geschehen wird.

Sie können versuchen, die Qualität zu beschreiben: Ist sie schwer oder leicht, eng oder zittrig, springt sie herum, oder wie sonst macht sich die Resonanz bemerkbar? Vielleicht aber können Sie auch diese innere Stimmung noch nicht beschreiben, nur spüren. Das genügt vollkommen! Sie sollten aber wissen, wie sich das Gefühl anfühlt, und es wiedererkennen können.

Sie werden sehen: Mit zunehmender Übung erkennen Sie Ihren felt sense immer genauer und wissen, ob er sich einstellt oder nicht. Wenn Sie spüren, daß er da ist, können Sie getrost alles weitere kommen lassen. Denn dann stimmt der Prozeß!

Ist der felt sense im Körper nicht spürbar, dann ist alles weitere »kopfgesteuert« und für den Focusing-Prozeß nicht interessant!

Fragen an den felt sense

Sie können allerdings den felt sense spürbarer machen, indem Sie an ihn einige Fragen richten. Beim Schritt 5 werde ich das Thema »Fragen« (vgl. S. 71 ff.) ausführlicher behandeln. Doch auch bei diesem Schritt können Fragen bereits etwas mehr Bewegung in das körperliche Geschehen bringen. Die eine oder andere Frage kann helfen, den felt sense zu verdeutlichen. Nicht jede beliebige Frage eignet sich dazu, sondern es müssen offene Fragen sein, die nicht auf eine bestimmte Antwort zielen, sondern jede Antwort zulassen, die aus dem Körper kommt.

Solche Fragen können sein:

- »Wo genau spüre ich den felt sense im Körper?«
- »Wo ist die Quelle, das Zentrum, dieses felt sense?«
- »Was geht jetzt im Körper vor?«
- »Was könnte das wohl bedeuten?«
- »An was erinnert mich das?«

Bei den beiden letzten Fragen kommt meist Bewegung in den Prozeß, so daß der nächste Schritt eingeleitet wird und ein Symbol entsteht. Doch bleiben Sie noch beim felt sense, stellen Sie fest, wo er sitzt und wie er sich meldet. So werden Sie ihn deutlicher spüren, auch wenn Sie das Gefühl noch nicht in Worte fassen können. Doch dann merken Sie: Er ist da, er hat sich gemeldet.

Bevor wir zum nächsten Schritt gehen, möchte ich einige Übungen vorschlagen, die Ihnen den Umgang mit dem felt sense erleichtern. Schon dadurch können Sie bereits mehr Klarheit und Sicherheit in Ihrem inneren Erleben erzielen und sich damit im Alltag besser orientieren.

Übungen zum felt sense

Gehen Sie durch Ihre Wohnung und suchen sich einen Gegenstand aus, den Sie sehr gern mögen.

Sehen Sie sich diesen Gegenstand an, schließen dann die Augen, lassen Ihren Lieblingsgegenstand vor Ihrem »inneren Auge« erscheinen und achten auf die körperliche Resonanz, die der Gegenstand in Ihrer Mitte auslöst. Verweilen Sie dabei und stellen Sie fest, wo Sie diese Resonanz spüren und wie sie sich anfühlt. Sollten Ihnen dabei Worte oder Begriffe einfallen, ein eindeutiges Gefühl entstehen oder andere Bilder in den Kopf kommen, so begrüßen Sie diese freundlich. Seien Sie dankbar dafür, denn dann sind Sie bereits beim nächsten Schritt.

Zuvor aber noch eine weitere Übung:
Denken Sie an eine Person aus Ihrem Bekannten- oder Freundeskreis, die Ihnen sympathisch ist und mit der Sie gern zusammen sind. Erinnern Sie sich an eine Situation, in der Sie mit dieser Person zusammen waren. Vielleicht ist es noch gar nicht so lange her. Lassen Sie das Bild dieser sympathischen Person vor Ihrem inneren Auge erscheinen und achten dabei auf Ihr Gefühl in der Körpermitte. Wie fühlt sich das an? Wo genau spüren Sie die Resonanz zu dieser Person?

Bleiben Sie etwas dabei und lassen dann diese Person wieder »verschwinden«. Öffnen Sie die Augen, schütteln den Kopf etwas und stellen sich nun eine Person vor, die nahezu das Gegenteil der sympathischen ist. Eine richtig ekelhafte, nervenaufreibende, verabscheuungswürdige, die Sie auf gar keinen Fall mögen. Wie fühlt sich das im Körper an? Welche Resonanz spüren Sie jetzt? Bleiben Sie nur solange dabei, wie es Ihnen guttut, und vergessen Sie dann auch diese Person. Öffnen Sie die Augen, strecken Sie sich kurz und schauen sich zur Orientierung im Raum um. Alle beiden Personen sind jetzt verschwunden.

Nun, haben Sie den Unterschied bemerkt? Den Unterschied nämlich zwischen der Resonanz, die die sympathische Person, und der, die die ekelhafte Person in Ihnen ausgelöst hat? Auch wenn Sie nicht wissen, warum Ihnen die eine Person sympathisch und die andere unsympathisch ist, haben Sie doch deutlich gespürt, wie die beiden Personen auf Sie gewirkt haben. Sie brauchen also gar nicht nachzudenken, warum das so ist, denn Ihr Körper weiß längst vorher, daß es so ist. Das heißt, der jeweilige felt sense zu diesen beiden Personen war deutlich anders. Aus diesem felt sense kann dann, wenn Sie noch etwas abwarten, ein weiteres Bild, ein Wort, ein Geruch oder Geschmack entstehen, quasi als Symbol für das gesamte damit verbundene Erleben.

Auch wenn Sie schon vom Kopf her wissen, daß Ihnen die eine Person sympathisch ist, hat das körperliche Erleben im felt sense eine andere Qualität. Es ist sicherer und klarer als das Kopfwissen. Und das Schöne daran ist: Auf diese Weise können aus dem felt sense Symbole in Form von Bildern, Worten, Gefühlen, Gerüchen oder Geschmäckern auftreten, die über das hinausgehen, was Sie bereits wissen. Sie erhalten so Informationen, die weiterführen, da sie meist neu und überraschend sind: Bei Problemen liegt hierin die Lösung!

Den felt sense im Alltag schärfen

Aber auch ohne Probleme können Sie im Alltag Ihren felt sense schärfen, denn er erleichtert Ihnen Entscheidungen, zeigt Ihnen die Richtung an, in die Sie gehen können, und bewirkt ein bewußteres Erleben Ihrer Umwelt. So können Sie auch auf all die Geräusche achten, die in diesem Moment um Sie herum sind: Spitzen Sie einmal die Ohren und schließen dabei die Augen. Wie hört sich das an? Was kriegen Sie alles mit? Und welche körperlichen Empfindungen lösen diese Geräusche in Ihnen aus? Oder Sie hören sich Musik an, am besten eine, die Sie noch nicht kennen. Hören Sie zu und achten dabei auf das Gefühl im Bauch-Brust-Raum. Was spüren Sie wo und wie? Tauchen Bilder, Erinnerungen auf, oder spüren Sie Bewegungsimpulse im Körper? Geben Sie diesen Impulsen nach und bewegen Sie sich! Oder nehmen Sie Farbstifte und malen, was Ihnen in den Sinn kommt, aufs Papier. Oder Sie formen Worte und Sätze, die Ihnen zu dieser Musik einfallen.

Lassen Sie alles aus Ihrem Körper aufsteigen: Worte, Bilder, Bewegungen. Bleiben Sie aufmerksam und achten auf all das, was in Ihnen geschieht. So kann sich Ihr felt sense entfalten.

Sie haben anhand dieser Alltagsübungen erfahren, wann und wie sich der felt sense einstellt, wo er spürbar ist und wie er sich im Körper anfühlt. Der felt sense ist noch ohne Worte und Bilder. Er ist die erste Körperreaktion auf eine Person, eine Situation, ein Problem, ein Ereignis oder eine (anstehende) Entscheidung.

Es ist so, als ob Sie einen Stein ins Wasser werfen: Zuerst entstehen vage, undeutliche Wellenmuster, danach deutbare Formen, die im Gehirn als Worte, Bilder, Gefühle und Empfindungen ankommen. Sie werden im Focusing »Symbole« genannt, oder auch »Griff«, weil daran das gesamte innere Erleben zu dem hängt, was Sie sich vorgestellt haben. An diesem Griff hängt die Person, die Situation oder das Problem.

Damit sind wir bei Schritt 3: ein Symbol, einen Griff finden.

Der Schritt 3: Die Sprache des Unbewußten (vom »felt sense« zum Symbol)

Um die aus dem felt sense entstehenden Symbole zu bemerken, müssen wir uns mit der Wahrnehmung befassen, denn diese Symbole tauchen in verschiedenen Erlebnismodalitäten auf: als innere Bilder (oder Filme), Geräusche und Töne, Stimmen, Gefühle oder auch als Geruch oder Geschmack.

Diese inneren Erlebnismodalitäten entsprechen unseren fünf Sinnen: Sehen, Hören, Fühlen, Riechen und Schmecken. Es ist wichtig, unsere fünf Sinne zu schulen, um die Wahrnehmungskanäle offenzuhalten.

Dabei wird Ihnen lediglich ein Teil dessen bewußt, was innerlich geschieht. Das menschliche Bewußtsein ist nämlich gar nicht in der Lage, alles aufzunehmen; es beschränkt sich zumeist auf eine oder zwei, bestenfalls drei Wahrnehmungsebenen. Sie können also damit rechnen, daß Ihr Symbol vorwiegend in einem der drei Hauptkanäle (Sehen, Hören oder Fühlen/Spüren) auftaucht: als Bild, innere Stimme, Wort oder Gefühl, Bewegung, Geste. Riechen und Schmecken spielen bezeichnenderweise eine weniger wichtige Rolle, es sei denn, jemand hat diese Kanäle besonders geschult, als Koch etwa. Häufig stellt sich ein Wort ein, das die Qualität eines Gefühls beschreibt, nämlich wie sich der felt sense anfühlt, z. B. zittrig oder kribbelig, schwer bzw. ziehend (in eine bestimmte Richtung). Auch eine plötzliche Geste oder ein Bewegungsimpuls sind nahe am felt sense und gehören auf die Ebene der Körperreaktionen. Finden wir dafür ein Wort oder ein Bild, sind wir schon einen kleinen Schritt weiter. Zur Aktivierung Ihrer Wahrnehmungskanäle folgt eine kleine Übung. Egal, wieviel Kanäle Sie sonst benutzen und ob Sie immer Ihre fünf Sinne beieinander haben, es kann nie schaden, alle zu pflegen.

Übung: Schulen Sie alle Wahrnehmungskanäle

Schauen Sie sich in Ihrer Wohnung oder dem Raum um, in dem Sie sich gerade befinden. Fixieren Sie einen Gegenstand und konzentrieren Sie sich ganz darauf, was Sie sehen. Schließen Sie nun die Augen und lassen Sie bei geschlossenen Augen diesen Gegenstand wieder erscheinen: Zuerst vielleicht schemenhaft, nur in Umrissen, dann allmählich klarer und mit Einzelheiten. Wiederholen Sie dies und erweitern Sie Ihren Horizont, indem Sie immer mehr Gegenstände gleichzeitig vor Ihrem inneren Auge entstehen lassen.

Falls das noch nicht so klappt, öffnen Sie kurz die Augen und schauen hin, merken sich das, was Sie gesehen haben, und schließen die Augen wieder. Machen Sie dies so oft, bis Sie keinerlei Schwierigkeiten mehr mit Ihrer visuellen Vorstellung haben. Sie können diese Übung gut über den Tag hinweg verteilen, also immer wieder mal zwischendurch hinschauen und Augen zu (bitte nicht beim Autofahren oder ähnlichen Tätigkeiten)!

Stellen Sie nun Ihren Kassettenrecorder, Plattenspieler oder einfach das Radio ein. Machen Sie es sich bequem und lassen sich von der Musik führen. Schalten Sie dann ab und probieren, ob Sie einige Takte dieser Musik auch mit Ihrem inneren Ohr hören können, ganz leise vielleicht am Anfang, aber dann deutlicher und lauter, genau die richtige Lautstärke für diese Musik. Nun, wie gelingt Ihnen das? Zur Erleichterung können Sie die Musik summen und dann erst innerlich hören. Auch dies können Sie bei verschiedenen Gelegenheiten tagsüber üben. Interessant kann es sein, die Stimmen und die Tonlagen von diversen Menschen innerlich zu imitieren.

Doch jetzt zur nächsten Stufe: Falten Sie Ihre Hände und pressen Sie Ihre beiden Handflächen ganz fest aneinander. Spüren Sie den Druck auf Ihren Handflächen. Nehmen Sie nun die beiden Handflächen auseinander und spüren Sie diesem Druckgefühl nach. Wie fühlt es sich an? So wie vorhin? Falls Sie diese Gebetshaltung an unangenehme Erlebnisse erinnert, berühren Sie einfach einige unterschiedliche Gegenstände, betasten Sie sie und empfinden dann nach, wie sich das anfühlte. Üben Sie auch dies. Es kann ganz interessant sein, Dinge, Gegenstände und auch Menschen durch die Hand zu erfahren und zu spüren, welche unterschiedlichen Eindrücke sich daraus ergeben. So können ein Händedruck, ein Streicheln oder (Schulter-)Klopfen Ihre Körperwahrnehmung schulen.

Kennen Sie noch den Werbespruch mit der »Aprilfrische«? Erinnern Sie sich daran, wie das riecht? Nach frischer Wäsche, wie Luft nach einem Regenguß? Es genügt schon, wenn Sie sich den Geruch Ihres Morgenkaffees vorstellen können oder den Geschmack Ihres Lieblingsessens! Wenn nicht, dann achten Sie beim nächsten Essen bei jedem Bissen auf den ganz speziellen Geschmack. Den Geruch können Sie bereits vorher wahrnehmen: Bei leider allzu vielen Restaurants ist es von Vorteil, wenn man so rechtzeitig »den Braten riechen« kann …

Üben Sie mit Ihren Sinnen solange, bis Sie alle Wahrnehmungen innerlich abrufen können.

Je mehr Sie auf allen Wahrnehmungsebenen zu Hause sind, um so umfangreicher werden Ihr Innenleben und die Informationen, die Ihnen zur Verfügung stehen! Auch können Sie sich dann jederzeit die schönsten Erlebnisse wieder herholen, selbst oder gerade dann, wenn Sie Probleme plagen.

Denn wer sagt, daß es Ihnen so richtig schön schlecht gehen muß angesichts Ihrer Probleme? Gute Erinnerungen, die Sie sich innerlich zugänglich machen können, sind Ressourcen und helfen Ihnen bei der Lösung.

Je voller Ihr inneres Erleben ist, je mehr Sinne Sie dabei benutzen, desto kraftvoller ist die Energie, die davon ausgeht. Beim Ressourcen-Kreis haben Sie das gespürt und sich zunutze gemacht. Und je mehr Sie gelernt haben, auf alle inneren Wahrnehmungen zu achten, umso eher werden Sie die Symbole bemerken, die aus Ihrem felt sense zum Problem auftauchen und sich in einem oder mehreren Wahrnehmungskanälen zeigen! Das ist zwar nicht so schön wie die Ressourcen-Erlebnisse in Ihrem Leben (denn nun steht ja das Problem vor Ihnen), doch führen diese Symbole zur Lösung und lassen Sie nicht weiter im Problemerlebnis schmoren.

Die Sprache der Symbole verstehen

Lassen Sie sich überraschen, welche Symbole als Bilder, Worte, Stimmen oder Töne, Gefühle oder Körperreaktionen aus dem felt sense zu Ihrem Problem auftauchen. Gehen Sie dabei wieder in Ihre Mitte (beispielsweise vom großen Zeh aus), warten Sie auf das Gefühl im Bauch-Brust-Raum und achten Sie auf das, was sich entwickeln und entfalten will. Erwarten Sie nichts Bestimmtes, öffnen Sie Ihre Wahrnehmungskanäle und achten auf das erste Symbol, das Ihnen auffällt! Egal, ob Gefühl, Wort oder Bild – sei es auch nur eine unwillkürliche Bewegung –, nehmen Sie alles an, notieren es innerlich und behalten es.

Sollte ein bestimmtes Gefühl in den Vordergrund treten, was oft der Fall ist, dann achten Sie darauf, aus welcher Richtung es kommt. Entwickelt es sich von unten, aus dem Bauch heraus, oder ist es ein schon bekanntes Gefühl, das zum Problem gehört, das Sie immer dann spüren, wenn Sie das Problem erleben? Dann führt es hier nicht weiter, und Sie gehen am besten wieder in Ihren Bauchraum, aus dem sich Ihr inneres Erleben entfaltet hatte.

Taucht ein Gefühl auf, zuerst undeutlich, dann spürbarer und eindeutig, bleiben Sie etwas dabei und verfolgen neugierig, wohin, in welche Richtung es wohl gehen mag.

Meist breiten sich Gefühle aus oder gehen in eine bestimmte Richtung, entwickeln einen »drive« oder nehmen eine andere Qualität an. Welche Richtung schlägt Ihr Gefühl ein? Probieren Sie aus, welche Worte oder welches Wort dazu am besten passen. Das ist dann Ihr Griff-Wort! Daran hängt praktisch alles zu Ihrem Problem.

Vielleicht fallen Ihnen auch Vergleiche ein, Metaphern, wie: im Käfig gefangen (im goldenen etwa), ein Baum auf weiter Flur oder ähnliches. Auch eine Farbe kann sich einstellen und das innere Erleben dominieren. Nehmen Sie alles als wichtige Information, werfen Sie nichts weg, nur, weil Sie jetzt damit noch nichts anfangen können. Je überraschender, ja unvernünftiger das ist, was auftaucht, desto besser! Die Symbole erklären sich von selber, Ihr Verstand kann ausruhen, einen Kurzurlaub machen.

■ *Ein mentaler Kurzurlaub*

Setzen Sie sich entspannt hin, atmen Sie tief durch und schließen Sie für einen Moment die Augen. Denken Sie sich einen Garten. Stellen Sie sich vor, wie Sie sich durch diesen Garten bewegen. Achten Sie darauf, was Sie sehen, und versuchen Sie, mindestens drei Dinge deutlich zu erkennen: Blumen etwa oder Bäume oder einen Bach ...

Achten Sie dann auf alles, was Sie hören können: das Plätschern, den Vogelgesang, das Rascheln von Blättern usw. Versuchen Sie, mindestens drei Geräusche zu hören. Natürlich gibt es in einem Garten auch viel zu berühren oder zu spüren, wie den Boden unter den Füßen. Berühren oder spüren Sie drei verschiedene Dinge! Sie können, wenn Sie wollen, noch Geruch oder Geschmack hinzufügen.

Gehen Sie auf Entdeckungsreise: Was wächst und gedeiht in Ihrem Garten? Wie ist er angelegt? Paßt alles zusammen, oder gibt es hier und da noch etwas zu erledigen, zu ergänzen, zu korrigieren? Falls Sie wollen, können Sie einiges verschönern oder ordnen, so daß es ganz Ihrer Vorstellung und Ihrem Geschmack entspricht.

Sie können auch einen Orientierungspunkt, eine Statue, einen Brunnen oder eine bestimmte Pflanze, einrichten, so daß Sie wissen: »Das ist mein Garten, und ich kann ihn immer finden, wenn ich ihn brauche.« So können Sie jederzeit in Ihren Garten zurückkehren, zur Erholung, zum Ausruhen oder um Kräfte zu sammeln. Ruhen Sie sich noch eine Weile darin aus, genießen Sie die Stimmung, riechen den Duft ... und kehren Sie dann langsam wieder zurück, drehen sich noch einmal um und verabschieden sich von Ihrem Garten, nicht ohne die Gewißheit, daß Sie bald wieder hierher kommen werden.

Atmen Sie tief durch und öffnen Sie nun die Augen. Strecken Sie sich und nehmen Sie das gute Gefühl mit in Ihren Alltag.

Nach dieser kurzen Meditation können Sie erst mal Pause machen, die Dinge sich setzen lassen, bevor wir zum nächsten Schritt kommen.

Der Schritt 4: Überprüfen und vergleichen

Sie kennen nun den felt sense und wissen, welche Symbole sich daraus ergeben haben. Manchmal geht das ganz schnell und ist als eigener Schritt kaum zu fassen, vor allem dann, wenn Sie schon einige Übung haben.

Für den Anfang aber gehen wir alles der Reihe nach durch. Vielleicht konnten Sie dem Gefühl, der Bewegung oder dem Bild einen Namen geben, eine Art Etikett? Oder eine Erinnerung tauchte unwillkürlich auf, vielleicht auch ein Gleichnis in bildhafter Form? Geben Sie ihm einen Titel bzw. eine Unter- oder Überschrift.

Schauen Sie nun, was von dem am besten paßt. Ist es das Bild, das Gefühl, die Bewegung? Welches Wort oder welcher Satz paßt dazu? Wägen Sie ab, seien Sie wählerisch. Sie gehen ja auch nicht ins Geschäft und kaufen das Erstbeste. Sie probieren erst einmal, vor allem, wenn es um Persönliches geht! Das ist hier nicht anders.

Stimmt das Symbol mit dem felt sense überein?

Wählen Sie ein Symbol oder ein Wort, das genau zum felt sense paßt, pendeln Sie zwischen dem felt sense und Ihrem Symbol hin und her.

Sie spüren jeweils genau, wenn es paßt oder noch nicht paßt. Fragen Sie Ihren felt sense: »Stimmt das Symbol mit dir überein?« und warten ab, bis der felt sense antwortet. Er antwortet körperlich. Sie spüren: »Nein, das paßt noch nicht« oder »Ja, es paßt genau!« Dann bemerken Sie ein Gefühl der körperlichen Entlastung, der Erleichterung. Dies nennt Gendlin den »bodyshift«: Ihr Körper reagiert merklich. Sie atmen durch, spüren frische Luft, ein körperliches Verstehen des Problems wird deutlich.

Tritt diese Entlastung, dieser bodyshift, nicht sogleich ein, ist Ihr felt sense mit dem gefundenen Symbol noch nicht zufrieden.

Dann gehen Sie zurück zu Ihrem felt sense und warten eine Weile, bis neue Symbole kommen. Diese vergleichen Sie wieder und lassen Ihr Körpergefühl antworten.

Dadurch entfaltet sich Ihr felt sense immer deutlicher, und Sie lernen verschiedene Aspekte Ihres Problems kennen, bis Sie denjenigen gefunden haben, der Ihnen weiterhilft.

Zum Beispiel Horst

Um die letzten beiden Schritte etwas deutlicher zu machen, möchte ich Ihnen folgendes Beispiel schildern: Horst kennt Focusing seit einiger Zeit und probiert es nicht nur aus, wenn er Probleme hat, die er anders nicht lösen kann (quasi als letzten Strohhalm), sondern auch, wenn er mehr Klarheit bei Entscheidungen oder über bevorstehende unangenehme Situationen bekommen möchte.

Horst ist Lehrer, und wie viele Lehrer denkt er sonntags nur ungern an den Montag. Zwar reicht es, am Montag an den Montag zu denken und den Sonntag noch zu genießen, aber um sicherzugehen, will Horst wissen, was es denn mit dem unangenehmen Gefühl auf sich hat, das ihn beschleicht, wenn er an den Montag denkt.

So setzt sich Horst also hin, macht es sich bequem, atmet tief durch, entspannt sich und schaut in seinem Körper nach, was alles an Belastendem auftaucht. Er stellt einige Dinge heraus, die nichts mit dem Montag zu tun haben, ihm momentan aber dennoch Unbehagen bereiten (z. B. Wortwechsel mit seiner Frau beim Frühstück, die Tatsache, daß er die falschen Socken trägt, und ähnliche Kleinigkeiten).

Dann geht er mit seiner Aufmerksamkeit in seinen rechten großen Zeh, dann in sein Knie, spürt, wie sein Gesäß auf dem Stuhl sitzt und geht dann in seine »Mitte«, in den Bauch-Brust-Raum. Dort angelangt, denkt er an den Montag und wartet, was da nun kommen mag.

Er stellt diesen Montag und alles, was damit zusammenhängt, in gebührendem Abstand vor sich hin und achtet darauf, was sich in der Körpermitte tut. Er läßt diesen Montag quasi als kleinen Film vor seinem inneren Auge ablaufen und achtet dabei nur auf die körperliche Resonanz. Was auf der inneren Leinwand alles abläuft, nimmt er lediglich nebenbei wahr, er geht nicht in Einzelheiten. Er kann diesen Montag auch in einen Sack oder eine Schachtel packen mit der Aufschrift »Vorsicht Montag« o. ä. und ihn vor sich aufstellen.

Während er also an diesen Montag denkt und auf das Gefühl in seiner Mitte achtet, bemerkt er nach ein bis zwei Minuten ein vages Gefühl, das sich ausbreitet. Er kennt dies bereits: Es ist der felt sense. Er läßt sich Zeit und bleibt bei diesem vagen Gefühl, spürt es beim Ein- und Ausatmen. Er fragt sich: Welche Qualität hat dieses Gefühl? Wie macht es sich bemerkbar?

Während er ihm nachspürt und alle Gedanken wieder weiterschickt (denn er weiß natürlich schon einiges zu seinem Problem, hat es bereits x-mal analysiert), fällt ihm das Wort »zittrig« ein. Auch »eng« paßt. Dies wäre also sein Griff, sein Symbol zum Problem. Es ist ein Gefühl, das sich nach vorne schiebt, deutlicher wird.

Nun prüft er, ob das Wort dazu paßt. Ist »zittrig« wirklich das richtige? Oder eher »eng«? Er nimmt sich etwas Zeit und horcht in sich hinein. Ja – aber da ist noch etwas. Jetzt bemerkt er am Rande ein Kribbeln. Ja, »kribbelig« paßt besser. Er spürt die Erleichterung, der Körper atmet auf. Genau, das ist es: »kribbelig«! Das geht in eine etwas andere Richtung. Nun wird es ihm innerlich etwas klarer; er ist froh, dieses Kribbeln gefunden zu haben. Er atmet tief durch und macht erstmal Pause.

Dieser kleine Schritt hat einen bodyshift ausgelöst, ein deutliches Zeichen dafür, daß er paßt und somit ein wichtiger Wegweiser ist.

Horsts Problem mit dem Montag ist zwar noch nicht gelöst, aber er hat vom Körper einen wichtigen Hinweis erhalten: »kribbelig«.

Auch wenn er damit logisch zunächst nichts anfangen kann und er noch nicht genau weiß, was das bedeuten soll, nimmt er diese Information dankbar an, denn sie kommt aus seinem Unbewußten und ist neu und unerwartet.

Horst macht etwas später weiter. Er kann Fragen stellen oder in einer nächsten Focusing-Runde mehr Klarheit über dieses Kribbeln erhalten. So nimmt er erstmal dieses »kribbelig«, packt es ein und hebt es für einen späteren Zeitpunkt auf, vielleicht für den Abend, wenn er weitermachen möchte. Er kann jederzeit darauf zurückkommen, denn er hat ja seinen Griff. Mal sehen, was aus dem Kribbeln noch wird, denkt er sich und ist neugierig.

Nun empfehle ich auch Ihnen, liebe/r Leser/in, eine kurze Pause. Nehmen Sie sich ein wenig Zeit zur Entspannung und gönnen Sie sich einen Augenblick der Ruhe.

■ *Übung zur mentalen Entspannung*

Machen Sie es sich bequem und gehen Sie diese Übung gemütlich an. Bevor Sie Ihre Augen schließen, schauen Sie sich ruhig nochmal ausgiebig im Raum um, was es da alles zu sehen gibt, und ob etwas so wichtig ist, daß es nicht einige Minuten Zeit hat, bis Sie wieder zurückkommen.

Lesen Sie sich zunächst diese Übung langsam durch, danach können Sie sie dann auswendig wiederholen bzw. das, was Ihnen davon in Erinnerung ist.

Für einen Moment können Sie auch jetzt schon Ihre Augen schließen, um sich zu entspannen und wahrzunehmen, ob Sie bequem sitzen und wie es sich anfühlt, so dazusitzen, ohne etwas tun zu müssen. Nehmen Sie einen tiefen Atemzug. Hören Sie auf die Geräusche um sich herum, auf Töne, hohe und tiefe, und lassen Sie diese auf sich wirken. Welche Stimmung erzeugen sie? Achten Sie einmal auf Ihre Atemgeräusche beim Ein- und Ausatmen und wie unterschiedlich sich das anfühlt. Merken Sie, wie sich die Muskeln in Ihrer Brust jeweils anders anfühlen, wenn Sie einatmen und ausatmen? Wie die Luft beim Einatmen kühler ist als beim Ausatmen, wenn sie Ihren Körper verläßt? Sie ist durch Ihre Lebenswärme angewärmt worden, durch den Prozeß, der Sie am Leben erhält.

Vergegenwärtigen Sie sich einmal, wie viele Prozesse in Ihrem Körper ständig ablaufen, ohne daß Sie es bemerken. Nicht nur der Atem geht automatisch, auch der Puls, Ihr Herzschlag. Bedanken Sie sich ruhig für das, was Ihr Körper für Sie regelmäßig tut.

In Ihrem Körper ist viel Wärme, und vielleicht können Sie das an irgendeiner Stelle spüren, an den Füßen oder Händen oder im Bauch. Beachten Sie, wo es deutlich warm wird. Oder Sie spüren ein Kribbeln? Passen Sie auf, was daraus wird: Wärme oder Leichtigkeit, eine angenehme Schwere usw.? Und wenn eine Stelle warm oder schwer ist, sich angenehm anfühlt, dann können andere Körperstellen davon lernen und spielend dasselbe tun.

Fragen Sie: Welche Körperstellen wollen mitspielen? Finden Sie heraus, wo es sich schön warm oder ruhig oder entspannt anfühlt. An der Hand, innen? Oder im Bauch, wo der Atem seinen Rhythmus hat? Welche Teile möchten davon lernen, möchten mitspielen? Lassen Sie auch diese Stellen warm oder schwer oder ruhig werden, bis sich der ganze Körper entspannt und wohlig fühlt. Probieren Sie das eine Weile aus und passen Sie auf, daß Sie keine Stelle vergessen, die mitspielen möchte.

Während die Teile in Ihrem Körper sich gegenseitig einfühlen, bemerken Sie jetzt vielleicht einen Rhythmus im Körper. Achten Sie auf Ihren Atemrhythmus, auf Ihr Zwerchfell: Das ist Ihr Lebensrhythmus, den Sie in diesem Augenblick spüren!

Lassen Sie Ihren Körper damit fortfahren, warm oder schwer zu werden, während der Atem seinen Rhythmus findet und ganz von selbst geht.

Interessant, welche Stimmung dabei entsteht. Ist Ihnen das schon mal aufgefallen? Wie fühlt sich der Bauchraum an? Welche Resonanz spüren Sie?

Und ohne Einzelheiten nachzuhängen, bemerken Sie, wie sich das Gefühl der Resonanz über den ganzen Körper ausbreitet, ausstrahlt und eventuell in Bewegung übergeht.

Wenn Sie den Eindruck haben, aufstehen zu wollen, so können Sie das ruhig tun. Strecken Sie sich, holen tief Luft, schauen sich im Raum um.

Sie brauchen sicher nicht lange zu überlegen, was Sie nun tun wollen, nachdem Sie sich wohlig und entspannt fühlen, rundum fit für den nächsten Focusing-Schritt.

Der Schritt 5: Die Kunst des absichtslosen Fragens

»Stelle die richtigen Fragen, und du erhältst die richtige Antwort!« Doch was sind die »richtigen« Fragen? Managern wird oft in Seminaren beigebracht: »Wer fragt, der führt!« Doch meist reagieren deren Mitarbeiter auf solche Fragen verunsichert und machen dann Fehler. Die Frage ist offensichtlich: Wohin führen solche Fragen?

Fragen als Machtspiel

Eine ganze Reihe von Fragearten führt nicht sehr weit. Auch gibt es Fragen, die eigentlich gar keine Antwort erwarten, wie die rhetorischen Fragen. Andere Fragen bohren und stochern, sind unbequem oder – noch schlimmer – treiben den Gefragten in die Enge. Der Frager bleibt dann zwar Sieger, sonnt sich womöglich im Gefühl der Überlegenheit, doch motiviert hat er nicht, im Gegenteil: Der andere sinnt bereits auf Revanche.

Fragen sind oft ein Machtspiel, und in vielen Kursen für sogenannte Führungskräfte werden regelrechte Fragetaktiken und -strategien entworfen, um am längeren Hebel zu bleiben. Wenn dies das Ziel von Kommunikation sein soll und Fragen dazu dienen sollen, das Gewinner-Verlierer-Prinzip zu etablieren, dann mag solch ein Vorgehen richtig sein.

Falls Fragen aber den Sinn haben sollen, Informationen zu erhalten, womöglich solche, die mit der Persönlichkeit eines Menschen zu tun haben, dann sind obige Methoden fehl am Platz.

Fragen Sie sich hilflos?

Haben Sie sich schon einmal selbst akustisch beobachtet und dabei bemerkt, daß Sie sich innerlich Fragen stellen? Etwa: »Warum muß ausgerechnet mir das passieren?« oder »Warum schon wieder...?« bzw. »Wann endlich wird das Problem gelöst?« oder einfach »Muß das sein?«

Wie empfinden Sie diese Art von Fragen? Hilfreich? Bekommen Sie darauf eine befriedigende Antwort? Vielleicht die, daß Ihnen solche Fragen bereits in der Kindheit öfters von anderen gestellt wurden? Wie Sie es auch drehen und wenden mögen, solche Fragen helfen nicht weiter, machen eher hilflos und deprimieren. Als Kind wußten Sie darauf schon keine Antwort (das war ja auch nicht der Sinn dieser Fragen), und heute ergeht es Ihnen auch nicht viel besser. Also hören Sie damit auf! Es sei denn, Ihr Ziel ist es, weiter hilflos zu bleiben. Bleiben Sie Opfer und kultivieren Ihren hilflosen Fragestil: Stellen Sie naive Fragen, z. B. »Was soll ich denn tun?«, »Wer hilft mir?« oder besser »Hilft mir denn niemand?«. (Hoffentlich nicht, sonst wären Sie nicht mehr hilflos!)

Oder einfach »Was nun?« als immerwährende Floskel, die den geheimen Zweck verfolgt, von anderen Menschen Hilfe und Beistand zu erlangen.

Fragen können also nicht nur andere machtlos und hilflos machen, sondern auch die eigene Macht- und Hilflosigkeit pflegen, um anderen Gelegenheit zu geben, sich als Helfer zu fühlen. So erlangt das Opfer eine ganz eigenartige Macht: die Macht, sich helfen zu lassen. Meist genügt schon ein fragender Blick, und flugs hat man einen Helfer zur Seite, der oft auch nicht anders kann, als unbedingt helfen zu müssen. Diese Helfer sind meist ebenfalls hilflos, können nicht aus ihrer Rolle heraus. Man spricht dann von »hilflosen Helfern«.

Sie haben oft schon Antworten parat, bevor das Opfer überhaupt seine Fragen loswerden kann. Haben Sie das vielleicht selbst schon erlebt?

Kinderfragen

Kinderfragen klingen oft naiv, haben aber meist einen ganz bestimmten Sinn. Kinder wollen nicht Opfer bleiben, ganz im Gegenteil: Sie wollen lernen. Sie wollen uns nicht den letzten Nerv kosten, sie wollen Informationen über Situationen, Personen, Zusammenhänge und lernen so für ihre Zukunft. Also passen Sie auf, welche Antworten Sie eventuell Ihren Kindern demnächst geben. Sie erhalten sie wenig später als Einstellung, Haltung und Überzeugung zurück!

Geben Sie Ihren Kindern die Botschaft mit: »Was wird schiefgehen, nicht funktionieren?« oder aber eher die innere Richtung »Was gibt es alles noch zu lernen?« (Neugier). Ermutigen Sie sie zu neuem Lernen (inklusive dem Risiko) oder bremsen Sie aus Fürsorge eher die kindliche Neugier und den Tatendrang, indem Sie im voraus ausmalen, was alles Schlimmes passieren kann?

Zukunftsfragen

Was haben Sie gelernt? Fragen Sie sich bei neuen Entscheidungen beispielsweise, was alles schiefgehen könnte und was alles in der Vergangenheit schon nicht funktioniert hat, oder denken Sie eher an die Chancen, an das Neue, das Ihnen bevorsteht, und wie Sie das managen können?

So können Fragen also auch die Richtung für Ihre Zukunft angeben und die Weichen stellen. Sieht Ihre Zukunft eher so aus wie Ihre Vergangenheit (»Es geht sowieso alles schief«), oder besteht die Chance für einen Neuanfang (»Es gibt noch viel zu lernen«), die Chance für eine Zeit, die sich von Ihrer Vergangenheit unterscheidet?

Es hängt von Ihnen ab und den Fragen, die Sie sich stellen. Was auch immer Sie sich im Leben für Fragen stellen – Sie bekommen die entsprechende Antwort. Beobachten Sie sich und Ihre Fragen einmal im Alltag!

Was sind Ihre Lieblingsfragen?

Sind Ihre Fragen eher inquisitorisch, rhetorisch, hilflos, bohrend, ungeduldig, penetrant? Vielleicht eine Mischung aus all dem? Und beobachten Sie einmal auch die Reaktionen bei sich und anderen Menschen auf solche Fragen. Dann werden Sie zumindest ahnen, welche Fragen beim Focusing nicht weiterführen. Zumindest eine Art von Frage führt uns hier nicht weiter: die Frage »Warum?«.

Sie gehört zwar zu den meistgestellten Fragen und bringt doch wenig Gewinn – außer den, für eine Zeit in die Vergangenheit abtauchen zu können, um zu grübeln. Das aber setzt voraus, daß es für alles einen Grund geben muß. Sie wissen aber, Probleme haben meist keinen Grund, zumindest keinen logischen.

Mit der Frage »Warum?« beschäftigen Sie nur Ihren Verstand, um bald an ihm zu zweifeln, denn er wird aufgeben, signalisieren, daß er nicht weiter weiß! Dann wissen Sie: Mein Problem ist unlösbar! Natürlich, mit dem Verstand ist es nicht zu lösen. Beim Focusing aber kommt die Lösung nicht vom Kopf, sondern aus dem Körper. Selbst, wenn es einen Grund geben sollte, verändert diese Einsicht noch lange nicht Ihr Problem.

Wieviele Menschen gibt es, die nach jahrelangem Analysieren eine ganze Reihe von Gründen gefunden haben, warum sie so (geworden) sind, doch sie können sich deshalb noch lange nicht ändern. Sie bleiben so, wie Sie sind, und führen die Gründe dafür an, daß sie so bleiben (können)! Es mag für viele eine Erleichterung sein zu wissen, warum man so oder so ist, eine Veränderung von Verhalten und Überzeugungen folgt daraus nicht.

Es gibt keinen Grund für Ihr Problem

So sinnvoll es ansonsten im Leben sein mag, nach Gründen zu suchen und Ursachen zu ermitteln, so unsinnig ist dieses Vorgehen beim Problemlösen. Denn wenn Ihr Problem lediglich eine mathematische Aufgabe wäre, hätten Sie es wahrscheinlich nicht mehr. Auf dieser Ebene ist es unlösbar und somit ein Problem (wobei das Problem in der Methode besteht!). Die Frage »Warum?« führt oft sehr weit in die eigene Vergangenheit zurück. Dies zu erforschen mag interessant sein, um besser verstehen zu können, für eine Lösung ist dies aber keineswegs erforderlich!

Denn das Erforschen und Erkennen von Gründen verändert das innere Erleben nicht, es ist keine Voraussetzung zur Problemlösung. Um sich anders verhalten, anders denken und andere und mehr Perspektiven einnehmen zu können, brauchen Sie keine Gründe und keine Begründung!

Was Sie brauchen, sind neue Ideen, Impulse, vielleicht eine neue Richtung im Leben sowie etliche Ressourcen, die Ihnen dabei helfen (z. B. neue Fähigkeiten). Das Suchen nach Gründen lenkt von unserem Erleben ab, Verstehen ist nicht Erleben!

Manchmal kann es hilfreich sein, eine vergangene Situation nochmals durchzuerleben. Das löst Gefühle und andere Wahrnehmungen aus, bringt in Kontakt zum inneren Erleben und kann so helfen, neue Lösungen zu finden. Die Frage »Warum?« bleibt dabei immer noch unbeantwortet, und das ist gut so.

Es ist ganz normal, wenn bei Problemen die Frage »Warum?« immer wieder auftaucht: Der Verstand versucht eben, auf seine Weise mitzuhelfen. Dagegen anzugehen wäre unklug, es gäbe einen Kampf, der viel Kraft kostet. Akzeptieren Sie Ihren »inneren Analytiker« als einen Teil von Ihnen, der auf einer anderen Ebene viel Gutes tut. Nehmen Sie ihn wahr, gehen Sie aber nicht auf seine Frage ein! Stellen Sie sich lieber andere Fragen. Seien Sie geduldig, kehren Sie zu Ihrem felt sense zurück und fragen: »Wie fühlt sich das in meiner Mitte an?«

Schicken Sie Ihren Verstand in Anerkennung seiner Verdienste ein wenig auf Urlaub und suchen sich in Ihrem Körper einen sicheren Ort, gehen zu Ihrem inneren Lehrer und lassen von da die Antworten kommen.

Übung: Der Weg nach innen

Setzen Sie sich bequem hin und stellen Sie Ihre Füße auf den Boden. Legen Sie Ihre Hände in den Schoß bzw. auf Ihre Knie.

Stellen Sie Ihrem Körper die einfache Frage:

- »Was kann ich tun, um es mir noch angenehmer und bequemer zu machen?«
- »Gibt es irgend etwas, was ich für dich (Körper) tun kann, damit du dich noch wohler fühlst?«

Lassen Sie Ihren Körper antworten. Dabei hören und sehen Sie noch alles, was in Ihrer Umgebung vor sich geht, und stellen sicher, daß nichts Wichtiges Sie in den nächsten Minuten stört.

Und während Sie das Kommen und Gehen von Geräuschen aus der Außenwelt hören, können Sie auch das Auf und Ab Ihres Atems bemerken, das Geräusch beim Ein- und Ausatmen sowie das Auf und Ab Ihrer Schultern und Ihres Brustkorbes beim Ein-

und Ausatmen. Achten Sie für eine Weile nur auf das Sich-Heben und -Senken Ihrer Brust und Ihrer Schultern – oder bewegt sich beim Atmen noch etwas anderes in Ihrem Körper?

Lassen Sie beim Ausatmen Ihre Schultern ganz herabsinken. Merken Sie, wie sich Ihr Nacken dabei anfühlt? Achten Sie nun auf Ihre Hände: Bewegen Sie sie mit. Wie fühlen sie sich an? Warm oder weich, kribbelig, leicht oder kalt? Achten Sie auf das Gefühl in den Fingern: Bewegen Sie sie ruhig etwas und beobachten, was sich daraus entwickelt. Vielleicht kribbelt es, wird wärmer, oder es zuckt, eine spontane Bewegung entsteht. Warten Sie ab, was als nächstes passiert: Lassen Sie das Gefühl sich ausbreiten und bemerken dabei, daß auch die anderen Muskeln sich allmählich entspannen und weicher werden.

Die Schultern, der Nacken, Ihre Kiefer, die Kopfhaut, alles wird weicher und glatter. Vielleicht stellen Sie fest, daß die Schrift vor Ihnen zu verschwimmen beginnt; dann lassen Sie Ihre Augen ein wenig ruhen, bis sich auch die Muskeln der Augenpartie entspannt haben.

Wenn Sie weiterlesen, jetzt oder später, achten Sie einfach nur noch auf das Gesamtgefühl in Ihrem Körper:

- Wie fühlt sich Ihr ganzer Körper an?
- Wie empfinden Sie Ihre Körpermitte?

Atmen Sie ganz ruhig und gleichmäßig und gleiten Sie in Ihre Körpermitte, Ihren sicheren Zufluchtsort, den Sie jederzeit aufsuchen können. Sie können sich Ihren ganz persönlichen, behaglichen Ort schaffen, ihn ausstaffieren (vielleicht in Ihrer Lieblingsfarbe), dort Ihre Melodie hören und sich wohlig zurücklehnen. Niemand kann Sie stören, Sie kommen zurück, wenn Sie wollen.

Erinnern Sie sich, als Sie ein Kind waren? Gab es damals ein Versteck, einen geheimen Ort, der für Erwachsene tabu war, den nur Sie kannten? Eine Höhle, ein Baumhaus, einen Platz im Keller, auf dem Dachboden oder in der Natur, wo es am schönsten war?

Nehmen Sie sich doch einen Moment Zeit, dort zu verweilen, wo Sie mit sich in Kontakt kommen und Ressourcen finden, die Sie längst vergessen hatten, wo Sie neue Antworten auf alte Fragen entdecken, wo Sie alles fragen können – wie ein Kind, voller Neugier – und gespannt sein dürfen auf die Antworten, die aus Ihrem Innern kommen. Vergessen Sie, warum alles so ist, wie es ist, vergessen Sie das Wissen. Fragen Sie lieber, wozu das alles gut sein könnte oder wie genau sich das im Körper anfühlt, was Sie bewegt oder bedrückt.

Sie können Ihren Körper auch einmal generell fragen:

- »Was willst du mir sagen?«

Sicher gibt es Dinge, auf die Sie Ihr Körper schon längst hinweisen will, doch Sie waren zu beschäftigt.

Fragen Sie ihn: »Was brauchst du?«, »Was wäre besser?«, »Was täte dir gut?« und achten auf die Reaktion. Haben Sie eine Idee? Vielleicht waren Sie bisher zu unfreundlich zu Ihrem Körper? Er hat keine Lust zu antworten, er braucht eventuell noch Zeit, sich an Ihren neuen Stil zu gewöhnen.

Kommen Sie langsam wieder zurück, strecken Sie sich, holen Sie tief Atem und lassen das eben Gesagte noch etwas auf sich wirken.

Sie merken: Fragen allein genügt nicht, die Art und Weise, wie Sie fragen, entscheidet über die Qualität Ihrer Körperantwort.

Fragen Sie freundlich und offen

Ihr Körper weiß die Antwort, er wird sie Ihnen aber nur mitteilen, wenn Sie hinhören und ihn freundlich behandeln. Denn Ihr Körper hat seine eigene Sprache und viel mehr Informationen, als Ihnen bewußt ist. Sie brauchen beim Focusing also nicht nur eine besondere Kategorie von Fragen, sondern auch einen besonderen Fragestil.

Es sind Fragen, die nicht direkt ein bestimmtes Ziel ansteuern, die keine schnelle Antwort erwarten, ja, die eigentlich nichts Bestimmtes erwarten: Es sind offene Fragen.

Diese Fragen nehmen die Antwort nicht schon vorweg und geben Raum für neue, oft überraschende Reaktionen. Während gewöhnliche Fragen oftmals inquisitorisch, bedrohlich und einengend sind, sind die Focusing-Fragen absichtslos und schaffen Freiraum in Gegenwart und Zukunft.

Je nachdem, wie und wonach Sie fragen, erhalten Sie Antworten: frustrierende oder freudige, deprimierende oder anregende, mühselige oder kraftvolle! Stellen Sie alte Fragen, erhalten Sie die altbekannten Antworten. Stellen Sie neue, erschließen Sie neue Ressourcen und erhalten neue Lösungen. Wie Sie fragen, so werden Sie sich fühlen.

Die Macht der Fragen

Schon morgens, wenn Sie aufwachen, können Sie richtige oder falsche Fragen stellen, sich fragen: »Warum kann ich nicht noch länger schlafen?« oder »Was macht mich heute glücklich?«

Banal? Ja, doch der Effekt ist groß und ganz und gar nicht banal! Welche Antwort fischen Sie aus Ihrem Reservoir, um den Tag zu beginnen – frustrierende oder kraftvolle?

Und auch abends können Sie sich fragen, was Sie alles falsch gemacht haben, was wieder nicht geklappt hat, oder »Was habe ich heute dazugelernt?«, »Was ist mir schon gelungen?« bzw. »Wozu kann ich die Fehler künftig nutzen, die ich heute gemacht habe?«.

Wonach Sie fragen, das werden Sie erhalten. Ihr felt sense ist da ganz zuverlässig, allerdings überläßt er es Ihnen, die Richtung zu bestimmen. Wollen Sie mehr Lust oder Frust? Wohin soll Ihre Reise gehen?

Absichtslos fragen heißt nicht, daß Sie es dem Zufall überlassen, wie es Ihnen geht. Natürlich haben Sie die Absicht, in Richtung Lösung zu gehen statt in neue Verstrickungen und Sackgassen.

Absichtsloses Fragen beim Focusing heißt vielmehr, keine Antwort vorzugeben, nicht mehr in Kategorien wie gut oder schlecht zu denken, alles zuzulassen, was da kommen mag, und gelassen abzuwarten, was der Körper an Antworten präsentiert.

Im Focusing richten Sie die Fragen nicht an andere, sondern an sich selbst, genauer: an einen Teil Ihres Selbst, den Teil, der Ihnen bislang nicht bewußt war. Zu diesem Teil müssen Sie erstmal Kontakt aufnehmen, d. h., Sie müssen »hinuntergehen« zu Ihrem felt sense. Egal, um was es sich im einzelnen handelt, der felt sense verschafft Ihnen Zugang zu neuen Informationen. Ohne innere Achtsamkeit auf den felt sense bleiben auch die besten Fragen wirkungslos, die Antwort kommt bestenfalls aus Ihrem Verstand und ist somit bekannt. Haben Sie jedoch den felt sense zu einem Problem, einer Situation oder einem Menschen, vielleicht auch zu Ihrem Leben gebildet (d. h. Sie spüren ihn), dann führen Sie die Fragen über Ihre Grenzen und Begrenzungen hinaus.

Erfolgreich fragen heißt absichtslos fragen

Und nun zu den Focusing-Fragen. Diese Fragen, an den felt sense gerichtet, sind der Schlüssel nicht nur zur Lösung Ihres Problems, sondern für mehr Lebensqualität überhaupt!

Erinnern Sie sich? Zu Beginn stellten Sie die einfache Frage: »Was wäre, wenn ich dieses Problem nicht mehr hätte?«, »Wie würde das aussehen, sich anfühlen, wie würde es mir ›schmecken‹?«

Reagiert Ihr Körper, und wie? Erleichtert oder resigniert? Achten Sie auf die Antwort aus der Körpermitte, da, wo Ihr felt sense sitzt.

Nicht, was Ihr Verstand will, ist ausschlaggebend, sondern was Sie als körperliche Reaktion empfinden.

Egal, was kommt, nehmen Sie die Antwort ernst und versuchen Sie nicht, sie mit Ihrem Willen zu schönen (indem Sie beispielsweise nur so tun, als ob Sie eine Lösung wollten, weil das ja vernünftig ist o. ä.). Auch wenn Ihr Körper nicht mit einem Gefühl der Erleichterung antwortet, hat das durchaus seinen Sinn. Sie merken daran, ob Ihr Unbewußtes schon für eine Lösung bereit ist, oder ob es angebracht erscheint, das Problem selbst näher zu betrachten, eventuell aus einer anderen Perspektive. Manchmal ist es besser, das Problem nicht gleich zu verlieren, sondern es noch zu behalten. Denn im Problem stecken Aufgaben und Herausforderungen: Jedes Problem ist ein Stück Lebenshilfe.

Gezielt fragen

Wichtig beim Focusing ist immer wieder, und hier beim Fragenstellen ganz besonders, die innere Sammlung. Wenn Sie nicht bei sich sind, nützen die Fragen wenig. Es sind Fragen an Ihre Mitte, an Ihre Quelle. Deshalb: Fragen Sie nicht einfach drauf los, sondern fragen Sie erst, wenn Sie sich freigemacht haben (Schritt 1), von außen nach innen gekommen sind (Wahrnehmungs- und Entspannungsübung), Kontakt zu Ihrem Körper aufgenommen haben und mit Ihrer Aufmerksamkeit beim felt sense sind.

Sie können die Fragen direkt an den felt sense zu einem Problem erst dann stellen, wenn sich aus dem felt sense bereits ein Symbol entwickelt hat, mit dem Sie (bewußt) noch nichts anfangen können.

Erst aus Ihrer Mitte heraus erhalten Sie die richtigen Antworten. In dieser Sammlung können Sie z. B. als erstes fragen: »Was kannst du – felt sense – über dich erzählen?« Dann warten Sie ab, welche Antworten ganz von selbst kommen. Dafür brauchen Sie Zeit und Geduld. Denn Antworten, die schnell und sofort kommen, stammen meist aus dem Kopf. Es sind bekannte Antworten, die keine Veränderung bewirken. Veränderung entsteht durch den Prozeß des Suchens und Findens. Eine fertige Antwort nützt Ihnen gar nichts.

Bereits im Problem liegt die Antwort. Die Resonanz zum Problem, der felt sense, ist die Ressource schlechthin zur Lösung.

Um mit Ihrem felt sense in Kontakt zu kommen, fragen Sie beispielsweise: »Wer bist du?« oder »Was kannst du über dich erzählen?« Ihr felt sense wird sich dann in irgendeiner Form melden, vielleicht durch ein körperlich spürbares Signal. Er wird noch unklar sein, aber Sie wissen: Er ist da und bereit, Auskunft zu geben. Vorausgesetzt Sie sind freundlich und drängeln nicht.

Eine zusätzliche Frage wäre auch: »Was tust du für mich?« Warten Sie auf Antwort!

Andere Fragen sind: »Was ist daran so schlimm?« bzw. »Was ist das Besondere daran?« Diese Fragen beziehen sich zunächst auf den felt sense zum Problem. So die Frage: »Was will das Problem mir sagen?« Oder: »Wozu ist das wohl gut?« Warten Sie geduldig, was sich aus diesen Fragen entfaltet. Aber vielleicht passen andere Fragen besser zu Ihrem Problem oder zu einem Symbol, das sich noch weiter entwickeln soll. Etwa: »Was bräuchte ich denn jetzt?«, »Wo ist frische Luft?«, »Was täte mir wohl gut?« und »Was wäre besser (als das Problem zu haben)?«

Diese Fragen zielen mehr auf ein Ergebnis, auf Ihre Zukunft. Die ersten fragen mehr nach der (verdeckten) Bedeutung, nach verborgenen Absichten bzw. nach dem Teil, der Ihnen so zu schaffen macht (und das beinhaltet, daß es auch andere Anteile des Problems gibt)! Probieren Sie aus, wenn Sie diese Fragen an Ihren felt sense stellen, welche Art von Fragen am besten paßt. Sie merken das an der körperlichen Reaktion. Manchmal spüren Sie ganz klar, wenn eine Frage »sitzt«. Denn dann erfolgt prompt eine Antwort aus dem Körper. Sie müssen dann aufpassen, um die Antwort mitzukriegen, sonst warten Sie lange auf etwas, was bereits stattgefunden hat.

Lassen Sie die Antworten von selbst kommen, drängen Sie nicht und suggerieren Sie sich keine erwünschten Antworten.

Vielleicht haben Sie in Ihrer Jugendzeit, als Sie noch zur Schule gingen, Ihre Hausaufgaben manchmal einfach abgeschrieben. Sie hatten dann das richtige Ergebnis, aber Sie lernten nichts dabei.

Ein ganz anderes Gefühl dagegen war es, wenn Sie nach etlichen Mühen (und insgeheimen Flüchen) selbst auf das Ergebnis kamen. Da hatten Sie etwas gelernt, nämlich wie eine Lösung entsteht, und das half Ihnen bei allen nachfolgenden Lösungsversuchen! Auch konnten Sie die selbstgefundene Lösung ganz anders vertreten als die abgeschriebene, es war nämlich Ihre Lösung.

Geben Sie Ihrem Körper und Ihrem Unbewußten genügend Zeit für diese Suche und beobachten Sie alles, was sich entfalten will, von unten aus dem Bauch aufsteigt und sich in irgendeiner Modalität äußert (als Bild, Wort, Gefühl oder Geruch/Geschmack). Es gerät etwas in Bewegung, und alles, was daraus entsteht, ist ein wertvoller Tip für die nächsten Schritte. Dies merken Sie dann am bodyshift, einer körperlichen Erleichterung.

Es kann ein kleiner bodyshift erfolgen oder aber eine große Erleichterung, die völlig entspannt und befreiend wirkt – je nachdem, wie nahe Sie der Lösung schon sind.

Diese shifts sind ein körperliches Zeichen dafür, daß etwas Neues aus dem Suchprozeß heraus entstanden ist und ein weiterer Schritt in Richtung Lösung getan wurde. Dieses neue Symbol gilt es allerdings erst zu schützen und anzunehmen, denn der innere Kritiker meldet sich nur allzu gern, um dieses Neue und Ungewöhnliche wieder kaputtzumachen und es in Zweifel zu ziehen.

Das Beispiel Horst

Am Beispiel Horst können Sie sehen, wie Focusing in der Praxis wirkt.

Horst hat das komische Gefühl »kribbelig« gefunden und möchte dem nun weiter nachgehen. Er stellt das kribbelige Gefühl heraus, überprüft, ob das nach wie vor zum Problem (Montag) paßt. Er lehnt sich zurück, holt tief Luft und entspannt sich, indem er kurz über die Zehe, die Knie und sein Gesäß in seine Mitte kommt, und läßt dieses Kribbeln in seinem Körper auftauchen. Er kann es nun deutlich spüren, sein Körper erinnert sich. Jetzt stellt Horst einige Fragen an das Gefühl, den felt sense zu diesem »kribbelig«.

Etwa: »Was ist daran so kribbelig?« Er hält inne und wartet auf die Reaktion des felt sense. Er spürt eine innere Spannung, eine gewisse Aufregung, so ein Gefühl zwischen Nervosität und Erregung. Er fragt weiter: »Was ist so schlimm daran?« und wartet wieder. Da fällt ihm ein: Schlimm ist die Angst, die er jetzt schon hat, die Ungewißheit, wie er am Montag mit seiner Klasse zurechtkommt (und auch, wie die Schüler mit ihm zurechtkommen). Doch schlimm ist das eigentlich nicht. Eher dumm oder unsicher! Unsicher, das ist die eine Hälfte des komischen Gefühls.

Wenn er doch nicht so unsicher wäre! Was wäre denn sicher? Vielleicht eine bessere Vorbereitung? Nein, das eigentlich nicht, vorbereitet ist er inhaltlich schon. Aber montags ist er immer so angreifbar, nimmt alles persönlich, wird leicht gereizt und reagiert barsch. Kein Wunder, wenn dann die Schüler ebenfalls aggressiv werden.

Woran das wohl liegt? »Weshalb bin ich so verspannt? Was bräuchte ich? Was wäre denn mit ›entspannt‹? Ja, das ist besser! Was kann denn wirklich passieren? Was ist das Schlimmste am Montag? Daß ich mich ärgere, mich unsicher fühle? Aber das tue ich jetzt auch schon!

Warum nicht mal was Neues probieren?

Warum nicht entspannt und eher neugierig in den Unterricht gehen? Ja, neugierig, das ist's!«

Das Kribbeln wird wärmer: Es wird interessant!

»Was wäre, wenn ich mit einer gewissen Neugier den Montag auf mich zukommen lassen würde?

Vorbereitet bin ich ja, und wie die Schüler aufgelegt sind, wird sich ja zeigen. Vielleicht bringt jemand ein interessantes Thema auf, vielleicht gibt ein Schüler das Stichwort für den Unterricht!

Mal sehen: So ein Montag kann auch ganz schön aufregend sein oder anregend? Ja, anregend! Das fühlt sich schon besser an. Er gibt Anregungen, und alles, was aus der Klasse kommt, kann ich als Anregung betrachten statt als Störung.« Ein tiefer Seufzer der Erleichterung kommt aus der Brust: »Ja, da kann ich mal gespannt sein auf den Montag. Da fängt die Woche gut an.«

Anregen statt aufregen – das ist die Lösung! Auch die Anspannung hat sich nun gelöst, Horst wird ruhiger und zuversichtlicher. Seine Einstellung, seine Gefühle haben sich verändert. Das genügt ihm fürs erste. So hat nun zumindest Horst sein komisches Montagsgefühl am Wochenende in den Griff gekriegt.

Am besten, Sie probieren es selbst einmal aus. Was für Horst gut ist, muß nicht unbedingt für Sie gelten. Machen Sie Ihren eigenen Focusing-Prozeß, stellen Sie Ihren »Montag« heraus und warten ab, was da vom Körper (felt sense) her kommt. Überprüfen Sie es und fragen Ihren felt sense – so ähnlich, wie Horst es tat: »Was ist so schlimm dran?« oder »Was soll das wohl heißen?«, »Was wäre besser?« oder ähnliche Fragen, die Sie aus diesem Kapitel kennen.

Egal, ob Ihr »Montag« nun ebenso interessant wird wie der von Horst, nehmen Sie das, was sich ergibt, also was der Körper Ihnen gibt, dankbar an, auch und besonders dann, wenn Sie noch nicht genau wissen, was es bedeutet.

Der nächste Schritt in unserer Focusing-Runde heißt daher: Annehmen.

Der Schritt 6: Annehmen und schützen

Nehmen Sie Ihr Ergebnis an und schützen Sie es! Ihr Körper entspannt sich, er weiß, daß nun ein anderer, wichtigerer Aspekt des Problems im Vordergrund steht, der Ihnen weiterhilft und den Alltag anregender macht.

Was vorher Angst verursachte, macht Sie jetzt neugierig, was vorher Panik hervorrief, regt Sie jetzt an.

Wenn Sie diesen Focusing-Prozeß statt im Zimmer sitzend lieber auf einem kleinen Spaziergang durchführen wollen, dann habe ich einen Übungsvorschlag für Sie:

Ein Spaziergang durch die Umgebung oder Fragend durch die Natur gehen

Gehen Sie in einem ruhigen Tempo, schlendern Sie und denken dabei an Ihr Problem. Es kann alles sein, was Sie derzeit beschäftigt, Ihnen zu schaffen macht, was Sie befürchten oder vermissen.

Denken Sie daran als Ganzes, gehen Sie nicht in Einzelheiten oder kauen alles zum x-ten Mal durch. Packen Sie's ein, betrachten Sie es als konkretes Problem oder einfach als »X« und »Y«. Und dann achten Sie auf alles, was Ihnen so entgegenkommt auf Ihrem Spaziergang.

Fragen Sie sich innerlich: »Was bräuchte ich jetzt?«, »Was täte mir gut?« oder auch: »Was bedeutet das ›Y‹ wohl für mich?« Auch die Fragen: »Wo ist frische Luft?« bzw. »Wo geht's lang?« haben auf dem Spaziergang symbolische Bedeutung.

Fällt Ihnen ein bestimmter Gegenstand besonders ins Auge, stolpern Sie vielleicht über etwas, oder begegnen Ihnen bestimmte Menschen oder Pflanzen?

Am besten, Sie stellen eine Frage nach der anderen und achten auf die Antwort in Form von Symbolen aus der Umwelt. Merken Sie sich diese Symbole. Sie können mit ihnen weiterarbeiten (etwa in einer Focusing-Runde oder als Tagtraum) oder sie unbewußt wirken lassen.

Wenn dieses Symbol Ihnen etwas zu sagen hat, spüren Sie dies eindeutig in Form einer körperlichen Erleichterung. Sie sagen sich dann vielleicht so etwas wie: »Ja, so ist es. Ja, das stimmt so!« Sie spüren es körperlich, es sind keine leeren Worte.

Die spürbare körperliche Entlastung ist das Zeichen, daß sich in bezug auf Ihr Problem etwas geändert hat: Der felt sense hat sich verändert.

Dieses Symbol kann bereits so deutlich sein, daß Sie jetzt schon wissen, wo's lang geht und was zu tun (oder zu lassen) ist. Doch in vielen Fällen ist es nicht so klar. Es führt zur Lösung, das spüren Sie am bodyshift, doch es ist noch keine. Die Beziehung zwischen Ihrem Problem und Ihrem felt sense ist noch nicht zu Ende. Es kommt mehr, doch Sie merken: Jetzt ist's erst mal genug, Sie brauchen eine Pause.

Aus diesem Prozeß werden sich neue Symbole entwickeln, eine weitere Focusing-Runde beginnt. Es ist ein ständiges Wechselspiel zwischen felt sense und Symbol, Symbol und felt sense, dann einem neuen Symbol usw. Das geht solange, bis das Symbol deutlich und klar genug ist, um als Handlungsanleitung zu dienen. Dann nämlich können Sie etwas tun (wenn Sie wollen).

Praktisch aber wird nicht unendlich weiter focussiert, sondern nach einer Runde eine Pause gemacht, um die entstandene Veränderung zu würdigen und zu genießen. Denn erst, wenn Sie Ihre Veränderungen, seien sie auch noch so klein, würdigen können, wird Ihr Veränderungsprozeß weitergehen und werden sich auch in Zukunft Veränderungen einstellen.

Annehmen und würdigen

Wie Sie wissen, handelt es sich beim Focusing nicht um eine neue intellektuelle Analysemethode, sondern um ein eher assoziativvernetztes Verfahren. Daher wird sich der Verstand manchmal melden, da ihm vieles zu unlogisch und unvernünftig erscheint. Dieser innere Kritiker hat durchaus seine Berechtigung. Er will akzeptable Ergebnisse und hat nichts anderes gelernt als analysierend, folgerichtig, also linear, zu denken. Nur: Das reicht hier nicht!

Geben Sie Ihrem »Kritiker« freundlich zu verstehen, daß sein Bemühen zwar anerkennenswert ist, aber bislang nicht zur Lösung Ihres Problems geführt hat, und es somit nur recht und billig ist, auch andere Ratschläge einzuholen. Dem Verstand fehlt nämlich die Richtung, und die weisen ihm die aus dem felt sense entstandenen Symbole! Stimmt die Richtung, kann er wieder voll loslegen. Das Unbewußte kann mehr! Der körperlich gespürte felt sense ist eine Schatztruhe, die mehr beherbergt, als dem bewußten Wissen zugänglich ist.

Daher ist es ganz wichtig, diesen »Schatz« zu schützen und zu bewahren. Der Verstand kann solche kleinen Veränderungen meist gar nicht wahrnehmen, geschweige denn schätzen.

Zerbrechen Sie sich also nicht den Kopf über Ihr – vorläufiges – Ergebnis. Genießen Sie den guten Zustand der Veränderung und spüren Sie das dazugehörige Körpergefühl.

Gehen Sie in Ihre Körpermitte und fragen Sie: »Wie fühlt sich das genau an? Welches Wort oder Bild paßt vielleicht zu diesem Zwischenzustand, in dem ich mich jetzt befinde?«

Das Beispiel Horst

So genießt Horst erstmal sein Gefühl der freudigen Spannung und der damit verbundenen Erleichterung, lehnt sich in seinem Sessel zurück und malt sich jetzt schon aus, wie der Montag mit diesem Gefühl ablaufen könnte.

Er stellt sich vor, wie er in seine Klasse kommt, wie er seine Schüler neugierig anschaut und auf Anregungen wartet, die entweder ihm selbst oder den Schülern einfallen. Er fühlt sich sicher, seinen Stoff hat er ja vorbereitet, und egal, was auf ihn zukommt, er kann alles annehmen und verwenden. Er hat wieder Witz und Humor, kann auch über Dinge, die (ihm) nicht passen, hinwegsehen (statt sich angegriffen zu fühlen) und findet auf alles eine Antwort. Er merkt, wie eine neue Art von Kommunikation in seiner Klasse entsteht, eine spannende, neugierige und doch angenehme Atmosphäre. Seine Schüler sind ihm nun nicht mehr unheimlich; er spürt, wie sie sich auf seinen neuen Stil einstellen und Freundlichkeit und Humor durchaus würdigen können. Auch wenn ihm jetzt, am

Sonntag, nichts mehr dazu einfällt, ist er froh über diese neue Zuversicht, er genießt das Gefühl und die Vorfreude.

Sein Verstand wird ihm helfen, alles richtig zuzuordnen und entsprechend zu organisieren. Er vertraut auf sein neues Richtungsgefühl und stellt die zweifelnde innere Stimme, die die neue Erfahrung abwerten will, leiser.

Vielleicht passiert es auch Ihnen, daß eine innere Stimme sich meldet: »Ist das auch wirklich so, oder ist alles nur Einbildung?« oder »Kann ich mich denn darauf verlassen?«. Es gibt viele Möglichkeiten, neue Gefühle kaputt zu machen. Gegen diese Angriffe sollten Sie die neugewonnene Erfahrung in Schutz nehmen. Auch wenn das neue Symbol (Wort, Gefühl, Bild) noch nicht völlig verständlich und das Problem noch nicht gelöst ist, nehmen Sie es an und bewahren es für eine nächste (Focusing-)Runde.

Verankern Sie Ihr Ergebnis

Egal, was Ihr Kopf nun sagt, ob er das neue Symbol annimmt (das ist mehr als nur akzeptieren), oder ob er anfängt zu kritisieren: Verankern Sie Ihr Symbol im Gedächtnis oder besser handgreiflich. Sie kennen sicher den berühmten Knoten im Taschentuch oder ähnliche Erinnerungshilfen. All das sind Anker, sie sollen an etwas erinnern, sollen eine ganz bestimmte Wahrnehmung wieder zugänglich machen. Auch Eselsbrücken sind solche verbalen oder visuellen Anker, die als bildhafte Vorstellung funktionieren.

Diese symbolischen Anker können Sie noch zusätzlich verankern (doppelt hält besser!), zum Beispiel an Ihren Händen bzw. Fingern:

Denken Sie nochmal ganz intensiv an das Symbol aus dem vorigen Schritt! An das Wort, das Gefühl oder Bild, das aus dem felt sense entstanden ist. Sagen Sie sich das Wort innerlich laut vor, intensivieren Sie das Bild oder die Farbe und spüren Sie deutlich das Gefühl im Körper. Gehen Sie also nochmal mit all Ihren Sinnen ganz in das innere Erleben, zu diesem Symbol. Vergleichen Sie, welches Wort oder Bild dazu am besten paßt und wie sich das im

Körper anfühlt, und drücken dabei Daumen und Zeigefinger der linken Hand zusammen. Machen Sie das mehrmals, so daß Ihr Symbol nun fest mit Daumen und Zeigefinger verbunden ist.

So ist Ihr Symbol zusätzlich körperlich verankert, und Sie können sich somit den letzten Focusing-Schritt jederzeit wieder zurückholen, wenn Sie weiterarbeiten möchten. Ihr Symbol ist nun geschützt und wird bewahrt, bis Sie eine neue Focusing-Runde beginnen.

Wenn Sie Ihr Focusing-Ergebnis geschützt haben, können Sie noch einige Übungen machen, die Ihnen helfen, mit dem »inneren Kritiker« besser fertig zu werden.

Mit dem inneren Kritiker umgehen lernen

Wenn Sie merken, daß Sie unzufrieden mit Ihrem letzten Schritt sind, sich unbehaglich fühlen, dann achten Sie einmal auf Ihre Kritikerstimmen im Kopf! Hören Sie ihnen eine Weile zu und stellen Sie fest, wie es Ihnen dabei geht.

Zwischen dem, was die Stimmen sagen und wie Sie sich dabei fühlen, gibt es einen Zusammenhang. Die Kritikerstimmen kommen aus dem Kopf und verursachen Unbehagen. (Ihr Symbol von vorhin fühlt sich dagegen anders an: Sie können es aktivieren, indem Sie Daumen und Zeigefinger drücken.)

Die kritischen Stimmen stammen nicht aus dem Erleben zum Symbol, sondern aus Ihrem gewohnten Alltagsprogramm. Da sind solche Veränderungen nicht vorgesehen, und so ist es eigentlich ganz natürlich, daß diese Stimmen auftauchen! Seien Sie freundlich zu ihnen und schicken Sie sie weiter, am besten so:

Tun Sie so, als ob Sie ein Tonband vor sich haben. Stellen Sie die inneren negativen Worte und Sätze deutlich ein, hören Sie hin, drehen etwas am Tonregler und stellen den Ton lauter.

Passen Sie auf: Wie klingen die Stimmen? Kommen sie Ihnen bekannt vor (stammen sie von Personen, die Sie kennen, etwa Vater, Mutter, Lehrer oder anderen Erziehern?)?

Spielen Sie mit dem Ton: Lassen Sie ihn schneller laufen! Wie hört sich das an? Dann stellen Sie die Tongeschwindigkeit langsamer: Wie klingt das? Paßt der Ton noch zum Inhalt? Können Sie den Inhalt, also die Worte und Sätze, noch so ernst nehmen wie vorher?

Sie merken: Sie sind Ihr eigener Tonmeister.

Sie können den Ton der inneren Stimmen verändern. Sie müssen sich nicht alles bieten lassen! Meist entdecken Sie, daß die Stimmen im Kopf nicht von Ihnen, sondern von anderen Personen kommen, daß sie nicht von innen, sondern von außen kommen. Sie wissen also, wem die Stimmen und wohin sie gehören. Schicken Sie sie wieder dahin, wo sie herkommen.

Lassen Sie die Stimmen und den Ton leiser werden. Schieben Sie den Tonregler zurück, bis die Stimmen undeutlicher werden; lassen Sie sie verklingen und blenden dafür angenehmere Töne ein: eine nette Musik, Ihre Lieblingsmelodie oder etwas Rhythmisches. Machen Sie sich Ihre eigene (Ton-)Mischung. Welche Musik paßt zum Symbol? (Sie erinnern sich? Drücken Sie Ihre Finger.) Spielen Sie die ein. Oder sind Ihnen Naturgeräusche lieber? Wie wär's mit Meeresrauschen oder dem Gluckern eines Rinnsals, dem Plätschern eines Baches?

Machen Sie Ihr eigenes Programm! Seien Sie wählerisch und nehmen nicht alles hin, wie es kommt. Der Ton macht die Musik. Wählen Sie die Töne, die nützlich sind, schön klingen und Spaß machen. Lassen Sie eine angenehme Stimme im Ohr ertönen, die Ihnen das sagt, was Sie brauchen: ein Kompliment vielleicht, eine kleine Anerkennung, etwas, das Mut macht. Wählen Sie einen Satz, der zu Ihnen paßt. Nun, wie ist die Stimmung?

Und wo sind die Kritiker? Irgendwo ganz fern? Da gehören sie auch hin. Sie machen jetzt die Musik selber.

So oder ähnlich können Sie künftig mit den inneren Kritikern umgehen, die immer zweifeln, überall herumnörgeln oder Sie antreiben wollen. Verändern Sie den Ton, übertreiben Sie, machen Sie die Stimmen zur Farce, stellen Sie sie leiser oder ganz ab.

Halten Sie inne

Sie haben nun alle sechs Schritte mit mehreren Pausen und Unterbrechungen vollzogen. Jetzt halten Sie wieder inne.

Sie haben, von einem Problem ausgehend, eine Reihe von Veränderungen durchlaufen. Wahrscheinlich haben Sie noch nicht die Lösung, aber Sie stehen auch nicht mehr da, wo Sie angefangen haben. Sie sind erleichtert, sind einen wesentlichen Schritt weitergekommen, Sie spüren schon die »frische Luft« und gehen in die richtige Richtung.

Sie sehen und spüren das Problem anders, nicht mehr als Problem, eher als Teil einer Lösung. Vielleicht sagen Sie sich: »Ich bin mit dem Problem zwar noch nicht fertig, aber ich fühle mich schon besser. Ich kann damit leben und abwarten, was sich noch tun wird.«

Sie haben im letzten Schritt etwas gefunden, es verankert und behalten. Sie können jederzeit damit weitermachen – bewußt oder unbewußt. Nach einer Pause, die Stunden, einen oder mehrere Tage oder Wochen, ja sogar Monate dauern kann, können Sie den Faden wieder da aufnehmen, wo Sie ihn liegengelassen haben.

Eine neue Focusing-Runde beginnt

Machen Sie jede Focusing-Runde nur solange, wie es Ihnen guttut! Es geht darum, Ihrem Körper Zeit und Gelegenheit zu geben, Veränderungsprozesse zu durchlaufen.

Nehmen Sie also Ihr Symbol aus Schritt 6 und beginnen Sie wieder mit dem zweiten Schritt: den felt sense zum Symbol finden. Aus einer Ihrer offenen Fragen entsteht ein neues Symbol, ein neuer Begriff, ein Gefühl, ein Bild … Es kann noch manche Runde nötig sein, um zur Lösung zu gelangen. In jeder Runde werden Sie einen shift erleben, eine körperliche Erleichterung, die anzeigt, daß Sie sich der Lösung nähern.

Mit einer einzigen Runde lassen sich viele Probleme noch nicht lösen. Nehmen Sie sich also Zeit, machen Sie Pausen und fangen wieder an: dann allerdings nicht mehr von vorne, sondern jeweils mit dem neuen Symbol. Und selbst, wenn es nicht gleich auf Anhieb klappt: Auch hier macht Übung den Meister.

Damit Sie sehen, daß Sie mit Ihren Schwierigkeiten beim Focusing nicht allein sind, werde ich einige Punkte ansprechen, die zu Beginn des Focusing fast jedem schwer fallen. Dies ist ganz normal, Sie müssen fast damit rechnen, daß nicht gleich alles beim ersten Mal klappt.

Schwierigkeiten beim Focusing

Der Focusing-Prozeß erfordert Achtsamkeit, die ein Hineinhören und Hineinspüren in den Körper ermöglicht. Unser Alltag aber läßt uns oftmals wenig Raum hierzu, und wir haben den Eindruck, wir hätten einfach keine Zeit für ein solches In-sich-Gehen.

Keine Zeit

Daher stößt gleich der erste Focusing-Schritt, das Raum-Schaffen, in der Praxis auf Schwierigkeiten. Dieser erste Schritt aber ist äußerst wichtig! Er ist Bedingung für alle weiteren Schritte. Wenn er nicht gelingt, wird der übrige Prozeß ebenfalls nicht klappen.

Sie haben im ersten Kapitel hierzu etliche Anregungen und Übungen für den Alltag erhalten, die Zeit müssen Sie sich dazu selber nehmen. Doch vielleicht haben Sie mittlerweile gemerkt, daß Raum-Schaffen auch ohne Focusing eine heilsame Funktion im Alltag hat, indem Sie sich einen ruhigen Platz suchen, sich Ihrer Ressourcen erinnern und sich entspannen.

Untersuchungen haben gezeigt, daß der Körper ca. alle 90 bis 120 Minuten eine Erholungsphase braucht, eine dringend notwendige Pause, die etwa 15 bis 20 Minuten dauert (E. L. Rossi: 20 Minuten Pause, Junfermann Verlag). Normalerweise wird dieses körperliche Bedürfnis ignoriert, aber Sie können lernen, darauf zu achten.

Beobachten Sie Ihren Körper während des Tages, und Sie werden merken, daß er alle eineinhalb bis zwei Stunden eine Pause machen möchte. Statt nun mit Kaffee oder Rauchen dieses Bedürfnis zu überspielen, nutzen Sie es künftig als eine Möglichkeit aufzutanken oder sogar für Focusing, falls Sie darin schon etwas Übung haben. Zwei bis drei solcher Regenerationspausen während des Tages mögen genügen und sind meist auch machbar. Achten Sie einmal darauf, zu welcher Tageszeit Ihr Körper Ihnen durch Müdigkeit anzeigt, daß er eine Pause braucht. Reservieren Sie sich zu dieser Zeit dafür einen Termin! Sie werden spüren, daß es sich lohnt. Sie müssen dabei auch gar nichts tun. Es genügt, aus dem Fenster zu schauen, sich auszustrecken, tief Luft zu holen, sich den Nacken zu massieren oder kurz die Augen zu schließen. Wenn Sie Hunger verspüren, genehmigen Sie sich ruhig einen kleinen Imbiß.

Falls Ihnen bestimmte Dinge wie Probleme durch den Kopf gehen oder Sie spüren, daß Ihr Körper an etwas trägt, so nutzen Sie die Pause und stellen alles Belastende erstmal zur Seite bzw. heraus.

Dieses Herausstellen entlastet Geist und Körper und schafft Raum für neue Sichtweisen und Ideen.

Auch ohne weiteres Zutun kann Ihr Körper Ihnen zufällig (vielleicht in Form eines Tagtraums) eine neue Orientierung aufzeigen. Es kann eine Tür zu Ihrem felt sense aufgehen und Neues in Form von inneren Bildern, Worten oder Gefühlen auftauchen, wie Sie es vom Focusing her bereits kennen. Daran sehen Sie, daß Focusing sich diese natürlichen Heilprozesse zunutze macht und kein künstliches Korsett ist, in das Sie sich zwängen müssen. So kann Focusing ganz plötzlich ohne große Vorbereitung geschehen, einfach, indem Sie sich Zeit nehmen, um sich zu entspannen und Körper und Geist eine Erholungspause gönnen. Wann es soweit ist, zeigt Ihnen Ihr Körper durch bestimmte Symptome an:

Sie bemerken, daß Sie müde werden oder leicht gereizt reagieren. Vielleicht haben Sie etwas Hunger, oder Sie erwischen sich beim Tagträumen, Sie schweifen ab und stellen fest, daß das Arbeitstempo sich verlangsamt. Sollten Sie so etwas oder ähnliches bei sich feststellen, dann wissen Sie: Es ist Zeit für eine Pause.

Betrachten Sie diese Körpersignale als Einladung zur Erholung, machen Sie irgendwas Entspannendes oder lassen Ihren Körper einfach das tun, was er will. Achten Sie darauf, daß Sie solche Pausen mehrmals am Tag einlegen und auf die üblichen Fitmacher wie Kaffee und Nikotin (auch Alkohol) zunehmend verzichten.

Was Ihnen Ihr Körper mitteilt, ist keine Schwäche, und es ist beileibe keine Schande, eine kreative Pause einzulegen. Bald werden Sie merken, daß solche Kreativpausen Sie weiter bringen, als wenn Sie wie gewohnt durcharbeiten. Neue Ideen sowie ein Überblick über das bisher Geleistete entstehen nur auf diese Art. Und manchmal lösen sich dabei auch Probleme.

Sobald Sie sich also daran gewöhnt haben, auf Ihren Körper zu hören, wissen Sie, wann es Zeit ist zum Freiraum-Schaffen.

Sie können dann einfach nur entspannen oder auch die Zeit nutzen, das eine oder andere Problem anzugehen. Fragen Sie Ihren Körper, ob er dazu bereit ist.

Vielleicht genügt ihm aber auch erstmal die Ruhepause, und er gibt Ihnen zu verstehen, daß Sie sich das Problem zu einem späteren Zeitpunkt, eventuell zu Hause, vornehmen sollen. Und selbst, wenn Sie tagsüber wirklich mal keine Zeit haben sollten: Reservieren Sie sich zumindest am Abend zehn bis zwanzig Minuten für eine absichtslose Entspannung, lassen den Tag nochmals Revue passieren oder widmen sich in Ruhe und auf die gelernte Weise mit Focusing einem Ihrer Probleme.

Wenn Sie gewohnt sind, Phasen der heilsamen Erneuerung für Geist, Körper und Seele einzulegen, und gelernt haben, auf die Körpersignale zu achten, dann wird Ihnen auch der erste Schritt des Focusing-Prozesses leicht fallen, wenn Sie Probleme lösen wollen.

Die Schwierigkeit, den felt sense zu finden

Diese Schwierigkeit beim zweiten Schritt beruht darauf, das Ganze einer Sache, einer Situation oder eines Problems zu fühlen.

Obwohl der felt sense eine ganz natürliche Sache ist, haben manche Menschen Schwierigkeiten, ihn bewußt zu spüren. Da der felt sense noch ohne Worte ist, scheint es, als sei da nichts vorhanden in der Körpermitte. Falls es auch bei Ihnen so ist, fragen Sie sich: »Wie fühlt sich das an, nichts zu spüren?«, »Was ist das für ein Gefühl: leer, vage oder sonstiges?« Dann achten Sie auf das Gefühl im Körper. Sie werden merken, auch das Nichts ist spürbar und hat seine eigene Qualität.

Der felt sense entfaltet sich nicht

Es kann auch passieren, daß Sie einen felt sense spüren, aber sich dann weiter nichts bewegt. Der felt sense entfaltet sich nicht, es bleibt alles verschwommen und unklar.

Das geschieht meist dann, wenn Sie Druck ausüben oder schneller vorwärts kommen wollen. Dann nämlich passiert in der Tat gar nichts. Drängen Sie also nicht, seien Sie freundlich zu Ihrem Körper. Er kann ja nichts dafür, daß er Ihre Probleme tragen muß.

Focusing: Die wirksame Selbsthilfe im Alltag

Haben Sie an manchen Tagen bereits morgens ein komisches Kribbeln im Bauch, ein ungutes Gefühl, ohne recht zu wissen, warum und wozu? Äußerlich scheint alles in Ordnung zu sein, aber innerlich spüren Sie, daß dem keineswegs so ist. Doch Sie wissen nicht, was es ist.

Sie müssen zur Arbeit und haben außerdem keine Zeit, sich jetzt auch noch mit irgendwelchen Problemen herumzuschlagen. Und doch: Irgend etwas ist da! Was tun? So tun, als ob nichts wäre? Das Gefühl überspielen?

Sie wissen, daß dies nicht die Lösung sein kann.

Sie wissen aber auch, daß es eine Möglichkeit gibt, auf solch komische Gefühle konstruktiv zu reagieren. Sie brauchen nicht den ganzen Focusing-Prozeß mit all seinen Schritten zu durchlaufen, dazu haben Sie in so einem Fall keine Zeit, aber Sie können mit dem ersten Schritt anfangen, und der heißt bekanntlich Freiraum schaffen!

Voller Elan und Kreativität den Tag beginnen

Kämpfen Sie nicht mit Ihrem Gefühl im Bauch. Seien Sie vielmehr freundlich (können Sie das inzwischen?) zu Ihrem Körper und danken Sie ihm für das Signal. Nehmen Sie das zum Anlaß, etwas für sich zu tun.

Zuerst holen Sie einmal tief Luft und kommen in Ihre Mitte. Das können Sie, wie geübt, vom kleinen Zeh aus machen, oder indem Sie Ihrem Atem bis in den Bauch folgen. Dann fragen Sie: »Was ist da im Körper?«, »Wie fühlt sich das an?«. Sie spüren dann etwas, oder es fällt Ihnen etwas ein, das Sie identifizieren können.

Doch auch, wenn es nur ein störendes Gefühl ist, stellen Sie es heraus! Befreien Sie sich!

Werfen Sie nichts weg, grübeln Sie nicht darüber, was es ist, wenn es Ihnen nicht einfällt. Packen Sie alles zusammen und stellen es vor sich hin. Machen Sie dabei eine typische Handbewegung, das wird Ihnen den Vorgang erleichtern.

Holen Sie tief Luft, nehmen Sie Ihre Hände und machen Sie eine Geste, als ob Sie etwas aus sich herausstellen wollen. Üben Sie das ein wenig. Machen Sie eine Handbewegung (mit einer oder beiden Händen) vom Bauch aus nach außen und stellen etwas ab.

Sie können auch zum Üben einen Gegenstand, z. B. einen kleinen Ball, nehmen und vor sich hinlegen (auf den Tisch oder den Boden). In der Praxis geht das in Sekundenschnelle, doch jetzt nehmen Sie sich ruhig etwas Zeit.

Wie fühlt sich nun Ihr Körper innen an? Ist es dort drinnen wohler? Kann er aufatmen? Oder ist noch etwas drin? Dann stellen Sie auch das (ohne genau zu wissen, was es ist) auf die beschriebene Art heraus.

Nachdem Sie Ihren Körper befreit haben, können Sie aufatmen und das, was Sie herausgestellt haben, betrachten. Schauen Sie es als Ganzes an. Lassen Sie es auf sich wirken. Sie können fragen: »Wenn das auch noch gelöst wäre, wäre mir dann wohler?«

Falls ein Ja-Signal kommt, lohnt es sich, das Problem einmal später in Ruhe anzuschauen. Jetzt haben Sie keine Zeit.

Vereinbaren Sie mit Ihrem Problem einen Termin

Sie müssen jetzt nicht mit dem Problem arbeiten, vor allem nicht zwischen Tür und Angel. Sie stellen es nur heraus, machen sich innerlich frei und sind nun bereit für die Alltagsaufgaben. Allerdings sollten Sie Ihr Problem würdigen.

Sagen Sie ihm, daß Sie wieder darauf zurückkommen – vielleicht am Abend, wenn Sie etwas Zeit haben. Denn es ist wichtig und wird Sie weiter stören, wenn Sie es nicht beachten oder verdrängen.

Allein das Herausstellen schafft schon Erleichterung, ohne daß etwas gelöst wäre! Sie können sich nun besser auf Ihre Tagesaufgaben konzentrieren, und trotzdem kann der felt sense wirken. Vielleicht fällt Ihnen in einer Pause etwas ein, was zum Problem paßt, oder Sie haben eine Idee, was das genau sein könnte, das Sie am Morgen herausgestellt haben. Nehmen Sie all das zur Kenntnis, notieren Sie es innerlich, und kommen Sie später darauf zurück.

Dann können Sie die restlichen Focusing-Schritte machen, den felt sense sich entfalten lassen und auf weitere Hinweise in Form von Symbolen achten.

Das Anti-Streß-Training

Focusing beginnt immer mit dem ersten Schritt, und der kann Ihnen schon Erleichterung verschaffen, vor allem in Streß-Situationen.

Wenn Sie dauernd über Streß oder gar ein »burn out« klagen, ist es sicher an der Zeit, einige Korrekturen an Ihrem Lebens- oder Arbeitsstil anzubringen, die Dinge etwas langsamer, geruhsamer und freudvoller anzugehen. Sobald Sie gelernt haben, mehr auf Ihren Körper und seine Bedürfnisse zu achten, werden Sie auch mit Streß besser umgehen können und sich belastungsfähiger fühlen.

Sortieren Sie einmal Ihren Tag nach Dingen, Terminen usw., die wirklich wichtig sind, und solchen, auf die Sie gern verzichten können, ohne etwas dabei zu verlieren. Wer bestimmt denn, was Sie tun? Sie, Ihre Mitmenschen, Ihr Kopf oder Ihr Körper? Lassen Sie Ihren felt sense entscheiden, was für Sie gut ist und was nicht. Gehen Sie die Dinge körperlich an.

Auch wenn Sie weitgehend streßfrei leben sollten, kann es passieren, daß Sie vom Streß überrascht werden. Sie geraten unversehens in eine Situation, die Sie nicht voraussehen und auf die Sie sich auch nicht vorbereiten konnten. Sei es, daß jemand Sie dumm anredet, Sie im Stau oder sonstwo in der Schlange stehen, die Kinder plötzlich anfangen zu quängeln oder Ihr Chef Sie mit Arbeit eindeckt. Kurz vorher waren Sie noch frohgemut – und jetzt das!

Was tun statt der üblichen Reaktion: sich ärgern, streiten, sich rechtfertigen, zurückschreien oder alles in sich hineinfressen? Sie beherrschen mittlerweile das Grundprinzip von Focusing: Abstand schaffen, einen felt sense zum Geschehen bilden.

Mit Streß sinnvoll umgehen

Stellen Sie sich eine typische Streßsituation vor – am besten eine, die Sie schon erlebt haben und die Sie völlig überrascht hat. Sie konnten sich nicht (mehr) wehren und wurden überrollt.

Vergegenwärtigen Sie sich diese Situation nochmals. Wer oder was war alles dabei? Und wie fühlt sich das im Bauch an? Achten Sie ganz genau auf das typische Streßgefühl in Ihrer Körpermitte, im Bauch-Brust-Raum! Sobald Sie dieses zu spüren beginnen, atmen Sie tief durch und gehen in eine andere Körperhaltung. Das ist wichtig, denn es unterbricht das übliche Streßmuster. Sie wissen ja: Körper und Geist stehen miteinander in Verbindung. Eine andere Körperhaltung ermöglicht eine andere Geisteshaltung. Sie können auch innerlich »einen Schritt zurückgehen«.

Schaffen Sie Abstand, indem Sie das Ganze herausstellen. »Das Ganze« meint: ihr Streßgefühl mit der ganzen Situation, die Ihnen den Streß bereitete.

Befreien Sie sich innerlich, indem Sie das komische Gefühl im Bauch herausstellen. Machen Sie dazu die entsprechende Handbewegung, die Sie weiter oben bereits gelernt haben.

Achten Sie darauf: Sobald Sie merken, daß ein Streßgefühl aufkommt, halten Sie ein und atmen Sie tief durch. Strecken Sie sich ein wenig oder richten sich auf und stellen Sie mit einer symbolischen Handbewegung das Gefühl wie auch die ganze daranhängende Situation heraus. Erst dann können Sie den felt sense bilden, um ihn und die darin enthaltenen Ressourcen anzuzapfen. Sie müssen sich dabei nicht mehr alles bildhaft vergegenwärtigen. Es genügt, das ungute Gefühl (das dem eigentlichen Streß vorausgeht) samt allem, was daranhängt (das ist die Streßsituation), einfach aus sich heraus- und vor sich hinzustellen, wie Sie es beim Focusing (Schritt 1) schon einige Male gemacht haben.

Sie spüren dann einen bodyshift, eine körperliche Erleichterung, die anzeigt, daß nun Luft ist zwischen Ihnen und dem Problem (hier: der Streßsituation).

Vergewissern Sie sich auch, daß der Abstand optimal ist – also nicht zu weit weg, aber auch nicht zu nahe. Sie analysieren nichts, steigen nicht wieder voll ein ins (Streß-)Geschehen, sondern stellen alles heraus und sind somit innerlich frei.

Dieser Prozeß läuft in Ihnen ab – draußen tobt das Leben weiter, d. h., die Kinder schreien immer noch, der Stau ist länger geworden, und der Berg Arbeit liegt nach wie vor auf Ihrem Tisch. Und der, der Ihnen zu nahe gekommen ist, steht immer noch reichlich aggressiv vor Ihnen.

Doch innerlich läuft es anders: Denn Sie bestimmen, was auf Ihrer inneren Bühne abläuft, Sie inszenieren selbst! Sie können das Spiel, das Ihnen aufgedrängt wurde, ändern! Wenn Sie Abstand haben (und Sie wissen nun, wie das geht), haben Sie auch mehr Alternativen als bisher.

Sie können dazu gut Ihren Ressourcen-Kreis benutzen (vgl. S. 41 ff.). Sie visualisieren Ihren Kreis (Farbe!), holen tief Luft und steigen hinein, lassen sich aufladen und schauen dann auf das, was Sie herausgestellt haben.

Mit dieser frischen Energie im Körper und dem Abstand zum Streßgefühl spüren Sie etwas anderes: den felt sense. An diesen felt sense zum Streß können Sie nun Fragen stellen:

- »Welche Möglichkeiten gibt es noch ... (zu reagieren)?«
- »Was wäre besser ...?«
- »Welches Gefühl wäre jetzt wohl angemessener?«

Warten Sie auf Reaktionen aus dem felt sense. Die können ganz schnell kommen: ein neues Gefühl, eine (bildhafte) Idee, ein Wort oder Satz usw.

Vielleicht bewegen oder verhalten Sie sich ganz spontan anders, bevor Ihnen das überhaupt bewußt wird.

Wie würden Sie denn gerne auf eine solche Streßsituation reagieren? Diese Frage können Sie sich stellen, bevor Sie wieder in Streß geraten, quasi als Vorbereitung. Dann fällt es Ihnen in der Streßsituation leichter, so zu reagieren. Sie haben damit ein Ziel, das unbewußt wirkt.

Das Beispiel Horst

Horst kommt also in einer anderen Stimmung als sonst montags in die Schule, (erinnern Sie sich: mehr neugierig-gespannt, angeregt und zuversichtlich), was jedoch nicht unbedingt garantiert, daß alles auch reibungslos abläuft. Er selbst ist zwar gelassener und nicht mehr ängstlich, aber die Schüler haben sich nicht geändert.

Es gibt also Streß! Irgend jemand aus der Klasse hat ihn provoziert. Es gibt viele bewährte Arten, Lehrer zu ärgern. Horst sieht das Gesicht des Schülers und denkt sich: »Am liebsten würde ich ihm eine runterhauen!« Dabei spürt er einen Druck in der Magengegend, der langsam nach oben steigt. Da Horst seit einiger Zeit gelernt hat, auf seine Körpersignale zu achten, bemerkt er dieses Gefühl rechtzeitig und hält inne. Er atmet kurz durch, sein Körper strafft sich etwas.

Statt weiterhin das hämisch lächelnde Gesicht (so sein Eindruck) des Schülers zu fixieren, achtet er auf sein Streßgefühl und stellt es mit einem weiteren Atemzug aus sich heraus. Nun hat er etwas Luft, ist nicht mehr so angespannt wie noch kurz vorher. Wenn er jetzt wieder den Schüler anschaut, ärgert ihn sein Lächeln nicht mehr, ja, es scheint, das Gesicht ist auch weiter weg. Horst achtet auf die Stimmung in seiner Körpermitte und fragt sich, was wohl besser wäre als sich zu ärgern, wütend zu werden oder einen Verweis zu geben. Er spürt, daß er selbst gar nicht mehr angespannt ist; der Druck ist weg. Er könnte den Schüler einfach stehen lassen und weitermachen. Er könnte lächeln und trotzdem einen Verweis geben, doch diesmal nicht aus Rache. Er könnte nachfragen, was der Schüler denn mit seinem Verhalten beabsichtigt. Wollte er ihn, Horst, etwa ärgern? (Dazu gehören zwei!)

Plötzlich hat Horst mehrere Möglichkeiten zu reagieren. Sonst kannte er immer nur eine: sich ärgern und den Schüler bestrafen. Und dann ärgerte er sich nachher darüber, daß er sich geärgert und der Schüler damit sein Ziel erreicht hatte.

Diesmal bleibt er gelassen, bedankt sich beim Schüler für diesen Hinweis auf seine fehlende Leistungsbereitschaft, macht sich eine Notiz und unterrichtet weiter.

Zu Hause überlegt sich Horst, was er in solchen Fällen generell erreichen möchte. Er will sich selbst schonen, gelassen bleiben und den Schülern klarmachen, daß im Unterricht bestimmte Regeln eingehalten werden müssen, auf die man sich einigen kann. Er will sie zur Mitarbeit motivieren, auf sie eingehen, aber auch konsequent sein und Grenzen ziehen. Das geht aber nur, wenn er sich gefühlsmäßig distanzieren kann. Dazu braucht er den Abstand zwischen sich und dem Geschehen.

Im folgenden noch einmal die einzelnen Schritte, die in einer Streßsituation den Streß verhindern helfen:

Schritte, die den Streß verhindern

- Wenn Sie in eine Streßsituation geraten, achten Sie auf den Auslöser für Ihr Verhalten. Das ist das Gefühl im Körper, das auftaucht, bevor Sie streßgeplagt reagieren.
- Atmen Sie tief ein, dadurch verändert sich Ihre Haltung, und stellen Sie das Gefühl samt allem, was daran hängt, beim Ausatmen heraus. Achten Sie auf den Abstand!
- Nehmen Sie einen weiteren Atemzug und steigen Sie gegebenenfalls in Ihren Ressourcen-Kreis.
- So mit frischer Energie versehen, lassen Sie das Geschehen auf sich wirken. Nehmen Sie den felt sense dazu wahr.
- Fragen Sie sich: »Was wäre jetzt besser? Welche – anderen – Möglichkeiten gibt es noch?«
- Nehmen Sie die Alternative, die Ihnen körperlich am meisten behagt, und handeln Sie danach. Tun Sie's!
- Überprüfen Sie die Wirkung: Ist sie erwünscht?
  Falls nein, suchen und probieren Sie eine neue Alternative. Das können ein anderes Verhalten, ein Wort oder Satz, eine Geste oder eine Bewegung sein. Nehmen Sie die, die am wenigsten erwartet wird und die Ihnen am meisten Spaß macht. Damit überraschen Sie sich und andere.

Dieses Anti-Streß-Focusing kann bei einiger Übung relativ schnell ablaufen. Der Körper übernimmt die Schritte und macht sie von selbst. Sie brauchen bewußt nur darauf zu achten, daß Sie nicht wieder in die alte Streßfalle tappen, sondern bereits rechtzeitig merken, wenn es brenzlig wird. Ihre Körpergefühle liefern Ihnen die wichtigen Hinweise. Wenn Sie merken, daß Frust, Ärger, Wut oder was auch immer aufzusteigen beginnen, halten Sie ein, holen Sie tief Luft und machen Sie sich beim Ausatmen davon frei. Stellen Sie alles heraus und vor sich hin, betrachten Sie das Streßgeschehen aus einem für Sie guten Abstand! Dies läuft meist automatisch wie auch der Rest des Lösungsprozesses. Probieren Sie's gleich beim nächsten Streß aus und seien Sie gespannt auf das – andere – Ergebnis.

Übung zum Vor- und Nachbereiten von Streßsituationen

Sollte eine ganz bestimmte Streßsituation immer wieder auftauchen, z. B. daß Sie sich mit einer bestimmten Person immer wieder streiten, dann sollten Sie sich den Film, der da abläuft, generell einmal genauer anschauen. Verstehen Sie Film ruhig wörtlich, denn in Ihrem Kopf und Körper sind alle Einzelheiten gespeichert.

Nehmen Sie sich also ein wenig Zeit (wenn Sie nicht im Streß sind), suchen Sie sich einen ruhigen Platz und denken Sie an diese typische Situation.

Lassen Sie die Szene noch einmal vor Ihrem inneren Auge ablaufen.

Achten Sie darauf, daß Sie diesmal nicht »in der ersten Reihe« sitzen, sondern eher hinten, auf dem Balkon, in der Loge. Vergewissern Sie sich, daß Sie wirklich gut und sicher sitzen, daß Sie genug Abstand zur (inneren) Leinwand haben. Lassen Sie dann Ihren Streßfilm ablaufen, lehnen sich zurück und schauen sich jede Szene auf diese Weise ganz gelassen an. Sehen Sie sich selbst im Film? Was machen Sie da? Wie machen Sie es? Gefällt Ihnen das?

Falls die Szene zu schnell zu Ende ist, spulen Sie sie zurück und lassen Sie nochmal ablaufen.

Was läuft da schief? Was könnten Sie oder jemand anders besser machen? Gefällt Ihnen Ihre Rolle? Was würden Sie als Regisseur dazu sagen?

Lassen Sie den Film so oft ablaufen, bis Ihnen einige Dinge aufgefallen sind, die Sie als Regisseur ändern möchten.

Falls der Abstand stimmt und Sie sich den Film ruhig und gelassen anschauen können, kommen die Änderungsvorschläge nicht mehr aus dem Kopf, sondern vom felt sense.

Sie merken: Da könnte ich ja etwas anderes sagen oder machen, da könnte ich einfach weggehen! Oder: Ich könnte vielleicht an der Umgebung etwas ändern, damit das besser abläuft! Oder: Das sind ja die falschen Leute, mit denen ich das machen will. Da suche ich mir demnächst andere!

Was auch immer kommen mag, gehen Sie den Vorschlägen nach und probieren Sie sie aus – am besten gleich: Lehnen Sie sich wieder zurück, schließen Sie auch die Augen und lassen den Streßfilm »abfahren« – doch diesmal in veränderter Fassung: Bauen Sie die Änderungen ein, die Ihnen am besten gefallen haben, und achten Sie nun darauf, wie der neue Film auf Sie wirkt. Ändern Sie unbedingt auch Ihre eigene Rolle.

Gefallen Ihnen die Änderungen noch nicht oder meinen Sie, das klappt noch nicht so recht, dann ändern Sie solange, bis der neue Film Ihnen mitsamt Ihrer eigenen Rolle gefällt und Sie innerlich Beifall klatschen können.

Sind Sie mit Ihrem Film zufrieden, machen Sie folgendes: Steigen Sie selbst in die Rolle ein! Spielen Sie mit! Tun Sie so, als ob Sie jetzt schon die neue Rolle beherrschen. Wie fühlt sich das an? Was sagt Ihr Körper dazu? Spüren Sie, wie Ihnen die neue Rolle gefällt, fühlen Sie sich wohl in Ihrer Haut?

Ja? Dann können Sie die neue Rolle gleich beim nächsten Mal ausprobieren. Was Sie soeben gemacht haben, war die Vorbereitung. Sie haben mit Ihrer inneren Realität gearbeitet, nach dem

Motto: Was ich in meiner Vorstellung kann, kann ich auch in der Realität.

Diese mentale Übung ist sinnvoll, wenn Sie nicht schon mitten im Streß sind und Zeit haben, sich vorzubereiten. Oder auch als Nachbereitung einer – mißlungenen – Streßbewältigung.

Seien Sie kritisch! Geben Sie sich nicht gleich mit oberflächlichen Veränderungen zufrieden. Schauen Sie genauer hin. Achten Sie auf Kleinigkeiten und probieren Sie solange, bis Sie deutliche Verbesserungen erkennen und spüren.

Zum Abschluß spielen Sie Ihre neue Rolle körperlich: Bewegen Sie sich entsprechend, gehen Sie in die entsprechende Haltung. Stimmt das Gefühl? Oder noch nicht? Dann ändern Sie eine Kleinigkeit. Sagen Sie sich Worte, die zu dieser neuen Haltung passen.

Vielleicht müssen Sie anfangs einiges ausprobieren, bis Sie die richtige Lösung finden? Aber das schadet nicht! Sie haben damit ein größeres Handlungsrepertoire. Experimentieren Sie mit Ihrer eigenen Rolle. Das macht Spaß und ist obendrein sehr lehrreich. Denn Sie können mehr, als Sie bisher in der Streßsituation gezeigt haben. Lassen Sie Ihren felt sense entscheiden, welche Variante am besten paßt.

Auch für Streßsituationen, die immer wieder auftauchen und unproduktiv enden, haben Sie nun ein neues Muster und eine neue Rolle! Bei Streßsituationen, die Sie nicht vorbereiten konnten und von denen Sie trotz aller Übung dennoch überrascht werden, hat sich die vorletzte Übung bewährt, in der Sie gelernt haben, auf Ihren körperlichen Streßauslöser zu achten. Je öfter Sie auch diese Übung schon vorher machen, desto besser gelingt sie Ihnen dann im Ernstfall.

Sie merken es am Gefühl der Erleichterung und an den Ideen für alternatives Handeln, die buchstäblich (auf Sie) einfallen.

Zusammenfassung der wichtigsten Schritte

- Nehmen Sie bequem in Ihrem Zuschauersessel Platz. Achten Sie auf genügend Abstand zu Ihrer inneren Bühne oder Leinwand (auch Bildschirm). Schließen Sie eventuell die Augen.
- Lassen Sie Ihren Streßfilm von einer typischen Situation, die Sie sich vorher ausgesucht haben, ablaufen.
- Schauen Sie sich diesen (Kurz-)Film entspannt an. Achten Sie auf Ungereimtheiten: Was stimmt da nicht? Schauen Sie sich selber zu: Was mache ich da und wie? Ist das toll, oder könnte ich etwas besser machen?
- Lassen Sie den Film so oft ablaufen, bis Sie einige Änderungsvorschläge haben, die Sie ausprobieren möchten.
- Beenden Sie den alten Film. Öffnen Sie vielleicht kurz die Augen, nehmen einen tiefen Atemzug und lassen dann einen neuen, veränderten Film ablaufen.
- Bauen Sie in diesen neuen Film die Änderungsvorschläge ein. Verändern Sie den Film und Ihre Rolle solange, bis Ihnen der neue Ablauf gefällt. Fragen Sie sich: Bin ich gut? Wie würden andere (Beteiligte) darauf reagieren? Bin ich (mit mir) zufrieden? Steigen Sie in die neue Rolle ein. Wie fühlt sich das an?

Die Stopp-Übung

Die folgende kleine und leichte Übung ist sehr hilfreich; immer, wenn Sie in Bewegung sind (die dann eventuell in Streß ausartet), können Sie sich selbst für einen Moment stoppen. Probieren Sie's gleich aus: Gehen oder laufen Sie im Raum umher (achten Sie darauf, daß Sie allein sind), so, wie Sie es tun, wenn Sie herumhetzen oder sich beeilen. Dann sagen Sie (laut oder leise) zu sich: »Stopp!«

Dabei halten Sie mitten in der Bewegung inne; Sie frieren sie praktisch ein. Achten Sie dabei auf Ihren Körper: Wie fühlt sich das an? Wie ist die Stimmung? Was geht in diesem Moment im Körper vor?

Sie kennen doch die Geschichte vom Dornröschen: In dem Augenblick, in dem sich die Königstochter an der Spindel sticht, fällt alles in Tiefschlaf – jeder und jede in der Haltung, in der er/sie sich gerade befindet: auf einem Bein, die erhobene Hand (zur Ohrfeige) noch ausgestreckt usw.

Keine Angst: Sie brauchen nicht in Tiefschlaf zu fallen. Auch werden Sie bei keinen peinlichen Tätigkeiten überrascht. Doch Sie halten inne, wo und wie Sie gerade sind. In dieser Bewegungslosigkeit für einen Moment zu verharren, wird Ihre Wahrnehmung innerer Prozesse schärfen. Sie bekommen ein Gespür für das, was in Ihrem Körper gerade vorgeht und was Sie sonst nicht beachten (können).

So lernen Sie, in (fast) jedem beliebigen Moment Ihr Körpergefühl wahrzunehmen, und können in Streßsituationen rechtzeitig den Auslöser spüren, bevor Sie in Panik geraten. Denn wenn Sie dieses körperliche Warnsignal übersehen, nützen Ihnen die besten Übungen und Tips nichts. Spüren Sie aber das dem Streß vorausgehende Gefühl rechtzeitig, können Sie das Anti-Streß-Focusing anwenden.

Sie können dann Abstand schaffen, um neue und bessere Ergebnisse aus dem felt sense heraus entstehen zu lassen. Es kostet Sie bewußt vielleicht nur noch ein kurzes Einatmen und eine Handbewegung.

Den Tag überdenken und auftanken

Sie haben gesehen und vielleicht auch schon konkret gespürt, daß mit Focusing ganz alltägliche Vorkommnisse besser bewältigt werden können. Sie können Focusing täglich praktizieren, zunehmend unbewußt, ohne sich über Probleme den Kopf zerbrechen zu müssen. Eine gute Gelegenheit, Focusing so nebenbei zu praktizieren, ist die Zeit vor dem Einschlafen. Da können Sie Ihren Tag noch einmal überdenken und schlafen dann garantiert gut und sicher ein. Sie nehmen keine Probleme mit in den Schlaf. Besonders, wenn der Tag nicht so optimal verlief, sondern eher einiges schiefgegangen ist, Sie selbst deprimiert oder resigniert auf den Tag zurückblicken, hat die folgende Übung eine heilsame Wirkung:

■ *Vor dem Einschlafen*

Nehmen Sie sich wieder etwas Zeit, setzen oder legen Sie sich bequem hin und gehen Sie in Ihre Körpermitte.

Lassen Sie den Tag an sich vorbeiziehen wie in einem Film. Was gefiel Ihnen, was weniger? Gab es unangenehme Erlebnisse, Situationen, Menschen ...?

Spüren Sie in Ihrer Körpermitte nach: Was fühlt sich unbehaglich an? Wo im Körper empfinden Sie das besonders stark? Stellen Sie alles aus dem Körper heraus.

Denken Sie an den Tag: Was hat Sie belastet? Achten Sie auf einen guten Abstand und lassen Sie das ganze Unbehagen auf sich wirken. Sie bemerken nun den felt sense. Bleiben Sie nun bei ihm; spüren Sie alle Gefühle, die damit zusammenhängen.

Wie fühlt sich das ganze Unbehagen an? Passen Sie auf, was und wie der Körper antwortet. Schiebt sich ein Gefühl in den Vordergrund? Taucht ein bestimmtes Bild auf? Fragen Sie sich: »Was ist denn so schlimm?« oder »Was hätte ich besser machen können?«.

Denken Sie auch an Situationen, die Sie schon gemeistert haben. Sicher gibt es eine Reihe von Dingen, die Ihnen gelungen sind. Spüren Sie das Gefühl, das aus diesen Ressourcen-Situationen kommt.

Denken Sie an die Tage, die noch vor Ihnen liegen. Was möchten Sie gerne anders machen? Lassen Sie einen kleinen Film entstehen, in dem Sie das Gewünschte tun. Was nehmen Sie sich für morgen vor? Gestalten Sie Ihren Film so, daß er Ihnen gefällt und Sie ein gutes Gefühl dabei haben.

Versetzen Sie sich schon einmal in kommende Situationen. Was ist dann anders? Wie geht es Ihnen dabei? Sie wissen: Auch wenn wieder mal etwas schiefgeht, Sie können es ändern, vielleicht sogar noch in derselben Situation, wenn Sie aufmerksam genug sind. Ihr Körper zeigt Ihnen die Richtung.

Freuen Sie sich schon jetzt auf den nächsten Tag und schlafen Sie gut ein. Es kann sein, daß ein Traum Ihnen noch weitere Tips präsentiert.

Träume sinnvoll nutzen

Ich kann in diesem Buch leider nicht das ganze Traum-Focusing beschreiben, doch möchte ich einige Hinweise geben, mit Träumen umzugehen (s. a. Literatur: Gendlin, Dein Körper – Dein Traumdeuter, Anhang, S. 138).

Es kann hilfreich sein, Träume als Ressourcen zu erfahren und sie als zusätzliche Lebenshilfe zu nutzen. Durch Träume erfahren Sie immer mehr über sich selbst.

Sie ahnen sicherlich, daß Focusing Träume anders angeht, als bekannte Methoden das machen: Im Focusing werden Träume nicht interpretiert oder gar analysiert. Sie brauchen sich also bezüglich Ihrer Träume keine Ratschläge bei Experten einzuholen. Sie selbst sind der Experte! Sie deuten Ihren Traum selbst aus Ihrem Körper heraus.

Erscheint Ihr Traum auch noch so verrückt, der körperlich spürbare felt sense vermittelt Ihnen genau die Bedeutung, die Sie in Ihrer Lebenssituation benötigen. Sie wissen dann, was der Traum Ihnen sagen will. Auch wenn Sie sich noch nicht mit Ihren Träumen beschäftigt haben, können Sie Ihre Focusing-Kenntnisse anwenden, um mehr Klarheit in Ihre verschwommenen Traumerinnerungen zu bringen.

Sie brauchen sich nicht an einen vollständigen Traum zu erinnern, ein Stück, ein Bild, ein Gefühl genügen. Beim Traum-Focusing sind die Fragen besonders wichtig.

Einige Tips für den Umgang mit Ihren Träumen

Träume sind eine spannende Angelegenheit. Sie kommen von der anderen Seite der Realität, aus Ihrem Unbewußten. Ihre Sprache mag Ihnen noch fremd sein, doch sie beinhaltet wichtige Informationen. Ihr Körper hilft Ihnen, diese zu entschlüsseln. Freuen Sie sich daher über jeden auch noch so verrückten Traum!

Während es bei Problemen oft schwieriger ist, einen felt sense zu bekommen, stellt er sich bei einem Traum meist leichter ein.

Der felt sense ist die unbestimmte körperliche Empfindung, die sich einstellt, wenn Sie an den Traum denken.

- Erinnern Sie sich an möglichst viele Einzelheiten aus Ihrem Traum!

Wenn ein Traum Sie interessiert, schreiben Sie alles auf, woran Sie sich noch erinnern können. Haben Sie bestimmte Bilder in Erinnerung? Erinnern Sie sich an Stimmen oder Worte? Tauchen andere Personen darin auf? In welchem Raum oder in welcher Umgebung spielte der Traum? Achten Sie auch auf Nebensächlichkeiten; die sind oft besonders interessant.

- Als nächstes stellen Sie Fragen!

Sie können so ziemlich alle Fragen stellen, die Sie interessieren. Stellen Sie die Fragen an Ihren felt sense. Wenn Sie die Fragen an Ihren Körper richten und darin wirken lassen, erhalten Sie Antwort. Aber lassen Sie sich ungefähr eine Minute Zeit; so lange dauert es gewöhnlich, bis der felt sense antwortet. Beginnen Sie immer mit der Frage: »Was steigt in mir auf?«

Richten Sie Ihre Aufmerksamkeit auf Ihren Körper, stellen Sie die Frage und warten Sie ab – bis zu einer Minute. Sie können dann weiter nach Gefühlen, dem Ort der Handlung, nach Personen, nach der Handlung selbst fragen.

Sie können fragen »Was soll das wohl bedeuten?«, »Wo gibt es etwas Ähnliches« oder »An wen oder was erinnert mich das bzw. diese Person?«.

Stellen Sie jede Frage einzeln und lassen Sie sich für jede Frage eine Minute Zeit.

- Denken Sie daran, die Fragen absichtslos zu stellen.

Antworten, die zu schnell kommen, stammen aus dem Kopf. Gehen Sie zuerst wieder in Ihre Körpermitte, den Sitz des felt sense (Sie können ja die kleine Übung machen: vom kleinen Zeh über das Knie und das Gesäß in den Bauch) und geben die Frage weiter.

Wenn Sie mehrere Fragen stellen, achten Sie darauf, auf welche Frage der felt sense anspricht. Sie merken das an einem bodyshift, dem Gefühl von Erleichterung.

Lassen Sie aus Ihrem Körper die Teile Ihres Traums neu entstehen, bis sich das Puzzle allmählich vervollständigt. Sie spüren, wie sich der Traum als Ganzes anfühlt. Dadurch entschlüsselt sich der Sinn des Ganzen. Die Bedeutung oder Ihre Interpretation kommt aus dem felt sense.

Auch wenn Sie die Bedeutung Ihres Traums nicht gleich entziffern können: Respektieren Sie Ihren Traum und freuen Sie sich auf den nächsten. Vielleicht haben Sie noch zu wenig Informationen, es fehlen noch Einzelheiten, oder Sie haben die richtige Frage noch nicht gestellt.

So können Sie Focusing auch auf Träume anwenden, wenigstens für den Anfang. Denn zum endgültigen Aufklären und Verstehen Ihrer Träume gehört mehr. Träume haben meist auch Ratschläge für Ihren Lebensalltag parat, können Konflikte lösen helfen und Anweisungen für Veränderungen beinhalten.

Doch das würde hier zu weit führen. Wie Sie aus dem Traum lernen und ihn in Ihren Alltag integrieren können, erfahren Sie aus dem zitierten Buch von Gendlin. Am besten aber nehmen Sie an einem Traum-Seminar nach der Focusing-Methode teil, wenn Sie Ihre Träume näher interessieren.

Gelungene Kommunikation: Focusing mit einem Partner

Es ist gut, bei der Lösung von Problemen bei sich anzufangen statt bei anderen. Viele Menschen machen andere für ihre Schwierigkeiten verantwortlich. Sie nicht! Denn Sie wissen, daß Sie selbst bei jedem Problem einen Anteil haben, der nur Sie betrifft, und diesen Teil können Sie ändern. Alles, was Ihnen zu schaffen macht, was Sie freut und worunter Sie leiden, hat eine Beziehung zu Ihnen – oftmals auch eine problematische. Dies zu ändern, diese Beziehung so zu gestalten, daß aus der Sackgasse ein Höhenweg und schließlich aus dem Problem ein weiteres Stück Lebenshilfe wird, ist die Voraussetzung für erfolgreiches Handeln. Erst dann können Sie dazu übergehen, anderen Menschen zu helfen und auch Ihre Umwelt umzugestalten.

Einander helfen, sich besser zu verstehen

Focusing kann in der heutigen Zeit eine optimale Kommunikationshilfe sein, da immer mehr aneinander vorbeigeredet wird. Man meint, den anderen zu verstehen, ohne daß der andere sich verstanden fühlt. Notfalls werden ihm die eigenen Gedanken aufgedrängt und gute Ratschläge verpaßt. Lehnt der andere diese dann ab, ist ihm eben nicht mehr zu helfen. Man hat sein Bestes getan! Der Gesprächspartner fühlt sich dagegen unverstanden und hat nun den Beweis, daß er Opfer ist: Opfer anderer Menschen, Opfer der Verhältnisse. Das Opfer klagt, daß niemand es verstehe, zieht sich zurück oder geht zum Therapeuten ...

All das läßt sich bei Anwendung der Grundprinzipien von Focusing vermeiden. Darüber hinaus lernt der Partner, sich selbst besser zu verstehen und eigene Lösungen zu finden. Denn das wissen Sie ja: Im Focusing reden Sie sich nichts ein, es wird Ihnen auch nichts suggeriert, Sie brauchen weder positiv noch negativ zu denken. Die richtige Antwort kommt aus Ihrem Unbewußten, aus dem körperlichen felt sense. Mit Focusing erhalten Sie maßgeschneiderte Lösungen, denn Sie selbst können sich die besten Ratschläge geben.

Wenn Sie einem anderen Menschen bei der Lösung seiner Probleme helfen wollen, machen Sie zunächst eines:

Hören Sie gut zu

Sicher kann es manchmal helfen, eine Weile nur zuzuhören. Viele Menschen sind schon froh über einen guten Zuhörer. Doch wenn das Problem nur vertieft wird statt gelöst, nützt es dem anderen nichts. Es sei denn, er labt sich an seinem Problem noch eine Weile. Auch das kann vorkommen. Dann ist die Zeit für eine Lösung noch nicht reif.

Meist aber sind Menschen froh, einen felt sense zu erleben, denn das schafft Erleichterung. Sie können aufatmen. Sie bekommen Abstand und neue Einblicke.

Sie müssen Ihrem Partner (hiermit ist im folgenden ein beliebiger Gesprächspartner bzw. -partnerin gemeint) nicht zuerst Focusing beibringen, um ihm zu helfen. Es genügt, wenn Sie selbst einiges aus Ihrem Focusing-Repertoire praktizieren.

Sie sind der Experte und fangen an. Auch Ihr Partner ist sein eigener Experte, er weiß es nur noch nicht. Es ist Ihre Aufgabe, ihm Zugang zu all den Fähigkeiten zu verschaffen, die ihm eine Lösung ermöglichen.

Möglicherweise wird ein Focusing-Gespräch für Ihren Partner eine ganz neue Erfahrung sein. Denn Sie konzentrieren sich nicht so sehr auf den Inhalt des Problems, sondern auf den gesamten Prozeß. Und Sie hören zu. Sobald Ihr Partner anfängt, Ihnen sein Problem zu schildern, achten Sie auf seine Körperhaltung: Ist sie verkrampft oder eher entspannt? Setzen wenigstens Sie sich entspannt hin, atmen Sie tief durch. Manchmal hat dies eine ansteckende Wirkung. Sie können auch, nachdem Ihr Partner schon einiges gesprochen hat, ihn dazu einladen, es sich bequemer zu machen oder einmal tief Luft zu holen. Manchmal ist das möglich, ohne daß der andere sich unterbrochen fühlt.

Zeigen Sie ihm Ihr Zuhören durch verbale oder nonverbale Signale. Sie können dabei Redewendungen wie »Ja, ich verstehe ...« verwenden, einfach »Ja, mmh ...« sagen oder kurz mit dem Kopf nicken. Bedrängen Sie den anderen nicht. Lassen Sie Abstand und geben Sie zu verstehen, daß Sie bei der Sache sind.

Das heißt jedoch nicht, daß Sie den anderen endlos über seine Schwierigkeiten reden lassen. Wenn Sie merken, daß Ihr Partner sich zu sehr in sein Problem vertieft und die entsprechenden Gefühle auftauchen, unterbrechen Sie sanft.

Denn Ziel ist es nicht, wieder im Problem zu versinken, womöglich alle beide, sondern den inneren Prozeß in eine andere Richtung zu steuern.

Fragen Sie nach

Zeigen Sie, daß Sie soweit verstanden haben, und stellen dann Fragen, die in eine konstruktivere Richtung lenken. Fragen Sie nach dem felt sense: »Wie fühlt sich das Ganze im Körper an? Was ist das für ein Gefühl im Bauch, wenn du an dein Problem denkst? Welche Stimmung spürst du?«

Diese Fragen können Sie dann am besten stellen, wenn Ihr Partner zunächst mal alles gesagt hat und eine kurze Pause entsteht. Das ist die sanfteste Art.

Wenn Ihr Partner allerdings ständig redet und Sie das Gefühl haben, er redet nur noch um den heißen Brei herum, oder Sie bemerken (an der Haltung, am Gesichtsausdruck), daß Ihr Partner sein Problem wieder verkörpert, dann ist es Zeit, ihn zu unterbrechen.

Wenn Sie zuvor – verbal oder durch Gesten – gezeigt haben, daß Sie zuhören und ihm folgen, ist das nicht so schwierig. Geht Ihr Partner auf die Unterbrechung nicht ein, müssen Sie ihm deutlicher zeigen, daß Sie soweit verstanden haben. Manchmal sind Nachfragen hilfreich. »Habe ich das jetzt richtig verstanden?« und »Das habe ich jetzt nicht ganz verstanden, kannst Du das bitte wiederholen?« sind mögliche Beispiele.

Bevor Ihr Partner sich wieder im Problem verstrickt, er depressiv, wütend oder hilflos wird, holen Sie ihn aus dieser Stimmung heraus. Unterbrechen Sie ihn freundlich! Fragen Sie ihn, wie sich alles anfühlt. »Warte einen Moment! Achte einmal auf dieses Gefühl der Hilflosigkeit. Was spürst Du noch alles dabei? Wie ist die innere Stimmung? Sage nichts, warte eine Minute und achte auf die Resonanz!«

An dieser Stelle hat Ihr Partner die Chance, zu tieferen Gefühlsschichten vorzustoßen, mehr von dem wahrzunehmen, was sein Problem ausmacht. Er kann nicht mehr weiter so über sein Problem denken und reden wie sonst. Und das ist gut so! Sie haben die Weichen anders gestellt.

Allerdings kann dies nur ein Angebot sein. Folgt Ihnen Ihr Partner nicht und redet lieber weiter um sein Problem herum, beenden Sie das Gespräch oder verschieben Sie es auf später. Sie können noch etwas zuhören und es dann wieder versuchen. Lehnt Ihr Partner es aber ab, auf seine Gefühle zu achten und somit einen anderen Weg einzuschlagen, hat es keinen Sinn mehr.

Schaffen Sie Abstand

Falls das (Problem-)Gespräch an einem Tisch stattfindet, können Sie auch das symbolische Herausstellen des Problems praktizieren:

Nehmen Sie einen Aschenbecher, eine Zündholzschachtel oder einen anderen Gegenstand und sagen etwa: »Wenn das jetzt dein Problem darstellen würde, wie fühlt sich das an?« Stellen Sie dabei den Gegenstand in einigem Abstand vor Ihrem Partner auf den Tisch, fragen vielleicht: »Ist das gut so? Brauchst du noch mehr Abstand?«

Warten Sie, bis Ihr Partner in Kontakt zu seinem felt sense gekommen ist. Er kann noch nichts darüber sagen, aber er ist »bei sich«. Vielleicht hat er die Augen geschlossen und sitzt nur still da. Lassen Sie ihm Zeit. Fragen Sie nicht zuviel auf einmal.

Versucht Ihr Partner nach der Pause, irgend etwas zu erklären oder zu interpretieren, führen Sie ihn zu seinem felt sense zurück: »Wie fühlst du das Problem im Körper?« Sagt er, er fühle nichts, können Sie ihn auch fragen, wie sich das denn anfühle, nichts zu spüren.

Bringen Sie ihn soweit wie möglich in Kontakt mit seinen körperlichen Empfindungen.

Sie können dann mit den schon bekannten Focusing-Fragen weitermachen: »Was ist denn daran so schlimm? Was ist das Zentrale an der Sache? Was bräuchtest du jetzt? Wozu könnte das gut sein?« Auch die Frage »Wie würde sich das anfühlen, wenn dein Problem erledigt wäre?« bringt Bewegung in den Prozeß. Als nächstes fragen Sie: »Was fehlt noch, bzw. was hindert dich daran?«

Verhindern Sie vorschnelle Antworten. Veranlassen Sie Ihr Gegenüber dazu, auf Antworten aus dem Körper zu warten. Sie kommen von unten, brauchen etwa eine Minute Zeit und haben eine andere Qualität.

Wenn Sie auf Ihren Partner eingehen statt gemeinsam das Problem auszubreiten oder gute Ratschläge zu erteilen, dann verhelfen Sie ihm zu seinem eigenen (Lösungs-)Weg.

Teilen Sie eigene Reaktionen mit

Sie brauchen dabei auf eigene Reaktionen keineswegs zu verzichten. Zuhören, den Partner bestätigen, auf seine Gefühle eingehen und ihm mit offenen Fragen helfen, sind die Voraussetzungen für eigene Reaktionen.

Sie können reagieren, wie Sie wollen, wenn Ihre Reaktionen aus Ihrem felt sense kommen.

Während Sie zuhören oder Ihren Partner nach seinem Körpergefühl fragen, achten Sie auf die Gefühle in Ihrer eigenen Körpermitte. Haben Sie ein gutes Gefühl oder eher ein unsicheres? Wie wirkt das, was Ihnen Ihr Gesprächspartner erzählt, auf Sie? Welche Reaktionen fallen Ihnen dazu spontan ein?

Machen Sie kein Hehl aus Ihrer Stimmung. Sprechen Sie sie aus! Sagen Sie ruhig: »Ich habe den Eindruck, da fehlt noch etwas« oder »Ich glaube, jetzt schweifst du ab«.

Oder Sie geben Rückmeldung: »Ich habe das jetzt so und so verstanden, stimmt das?«

Auch bildhafte Einfälle können Sie rückmelden, etwa: »Das sieht für mich so aus, als ob du allein auf weiter Flur stehst ... « oder »Ich habe das Bild eines Elefanten im Porzellanladen, wenn ich das höre ... «, »Mir fällt da das Bild einer kleinen grauen Maus ein, die sich verstecken will ... « usw.

Was auch immer Ihnen spontan einfällt, Sie können es auf freundliche Art benutzen, um Ihren Partner an Ihrem felt sense teilhaben zu lassen. Vielleicht hilft ihm Ihr Einfall weiter. Sie brauchen nichts zu erklären, der andere klärt das für sich selbst.

Voraussetzung ist jedoch, daß Sie sich vorher von Ihren eigenen Problemen freigemacht haben. Sonst reagieren Sie auf Ihr Problem statt auf das Ihres Partners! Und das hilft ihm nicht.

Sie haben auch die Möglichkeit, Ihre eigenen Gefühle auf das Gesagte mitzuteilen. Langweilen Sie sich, oder werden Sie ungeduldig und ärgerlich? Teilen Sie es Ihrem Gegenüber mit – nicht als Vorwurf, sondern als Aussage über Ihre eigene Befindlichkeit.

Warten Sie dann auf eine Reaktion Ihres Partners. Kann er damit etwas anfangen? Hilft es ihm, wieder auf den Punkt zu kommen? Oder hat er ähnliche Gefühle? So vermeiden Sie beide, daß Sie in eine Sackgasse geraten.

Für Ihren Partner können solche Rückmeldungen aus Ihrer Innenwelt wertvolle Signale sein, einen anderen Weg einzuschlagen. Er merkt, daß Sie etwas merken, und hält inne. Dann können Sie ihm helfen, mit seinem Gefühl und seinem eigenen felt sense in Kontakt zu kommen.

Formulieren Sie Ihre Aussagen als Ich-Aussagen

Werten und interpretieren Sie nicht. Sagen Sie nicht: »Du bist auf dem Holzweg« oder »Dir ist nicht zu helfen« bzw. »Du bist ein unerträglicher Mensch, mit dir hat jeder Schwierigkeiten!«. Das hilft nicht weiter. Ihr Partner fühlt sich angegriffen, setzt sich zur Wehr, rechtfertigt sich vielleicht, ist aber nicht mehr bereit, sich mit sich selbst auseinanderzusetzen – und schon gar nicht mehr mit Ihnen.

Wenn Sie Ihre Rückmeldungen als persönliche Beobachtungen oder Einfälle deklarieren, signalisieren Sie, daß Ihre Aussagen rein subjektiv sind. Sie lassen damit dem anderen die Chance, auch innerlich nein sagen zu können. Er muß Ihre Aussage ja nicht annehmen, er kann sie sich noch überlegen ... oder einfach über Ihren Einfall lachen! Machen Sie klar, daß es Ihre Gefühle sind, die Sie als Reaktion auf das Gesagte haben, es muß für den anderen nichts bedeuten, es kann aber!

Ihr felt sense ist immer nur Ihr felt sense – doch er kann ebenso Informationen für den anderen enthalten. Es lohnt sich, während eines Gesprächs auch auf die Signale des eigenen Körpers zu achten. Einiges davon ist eine Antwort auf das, was vom Partner kommt. Teilen Sie ihm das mit.

Sie haben nun etliche Hinweise für einen Focusing-gemäßen Umgang mit einem Partner erhalten, falls sich jemand mit einem Problem an Sie wendet oder wenn das Gespräch darauf kommt.

Doch Sie können auch in jedem anderen Gespräch auf Ihren felt sense achten und werden dabei wichtige Hinweise auf die Qualität des Gesagten erhalten. Danach können Sie sich rechtzeitig richten, was Ihnen unter Umständen Zeit und Mühe erspart.

So werden Gespräche wesentlicher und offener, wenn Sie das wollen. Sie müssen aber nicht jeden Party-Small-Talk zu einem Focusing-Gespräch umfunktionieren. Machen Sie das nur bei wirklich wichtigen Gesprächen. Sei es, daß Ihnen der Inhalt oder die Person wichtig genug sind, um sie in eine neue Richtung zu lenken.

Probieren Sie es aus, damit Sie in Übung bleiben.

Entweder Sie helfen Ihrem Partner weiter, oder Sie verhindern, daß Sie – wieder einmal – »vollgelabert« werden. Beides ist ein Fortschritt.

Ihr Körper – Ihr Verbündeter

Sie haben in diesem Buch einen mächtigen Verbündeten kennengelernt: die Intelligenz Ihres Körpers.

Sie können damit nicht nur Ihre Gehirnkapazitäten besser nutzen, sondern die unbewußten Ressourcen Ihres ganzen Organismus anzapfen und nutzen – sowohl für die Lösung Ihrer Probleme, als auch generell dafür, mehr aus Ihrem Leben zu machen. Sie können sich selbst vom felt sense beraten lassen, brauchen keinen Suggestionen von außen nachzurennen und haben auch die Möglichkeit, anderen Menschen in schwierigen Situationen zu helfen.

Mit Focusing erreichen Sie mehr Lebensqualität durch Streßabbau, können es für Ihre Entspannung nutzen, aber auch dafür, neue und überraschende Einfälle zu kreieren.

Im Alltag nützt es Ihnen in der Kommunikation mit anderen Menschen und bei der Zielsetzung, selbst mehr Klarheit und Sicherheit bei Entscheidungen und Problemen zu erreichen.

Wenn Sie Focusing regelmäßig anwenden, werden Sie das Wort Problem vielleicht gar nicht mehr benutzen, sondern andere Begriffe dafür finden. Vielleicht freuen Sie sich zunehmend auf das, was Sie bislang Problem nannten, und sehen dies nun als Chance für persönliches Wachstum.

Ihre Wahrnehmung hat sich nämlich geändert – Sie sehen und erleben mehr! Sie sind aufgewacht und wissen, daß Sie alles, was Ihnen geschieht, für Ihre persönliche Entwicklung nutzen können.

Vom Augen-Blick zum felt sense

Dies ist eine Augen-Übung. Sie basiert auf der Erkenntnis, daß Augenbewegungen und Blickrichtungen mit neurologischen und körperlichen Vorgängen korrespondieren.

So haben Sie sicher schon einmal beobachtet, daß Menschen – besonders bei bestimmten Fragen – nach oben an die Decke schauen, andere sich in eine Sache vertiefen, indem sie auf den Boden starren (vorzüglich bei Problemen).

Beim Telefonieren dagegen geht der Blick meist leicht schräg nach (links) unten, ebenfalls wenn Menschen mit sich selbst reden, also Selbstgespräche führen (»Soll ich das tun oder lieber das?«).

Es gibt demnach einen direkten Zusammenhang zwischen Augenbewegungen und inneren Prozessen. Das bedeutet, wir können über unsere Augenbewegungen auch innere Vorgänge steuern und beeinflussen.

Setzen Sie sich entspannt hin, atmen Sie tief durch und lehnen Sie sich bequem zurück. Sie kennen das inzwischen schon und haben sicher eine Ihnen gemäße Art der Entspannung und Neuorientierung gefunden.

Wenn Sie sich in Ihre Mitte eingependelt haben, rollen Sie Ihre Augen. Nach links, dann nach rechts, nach oben und unten und anschließend im Uhrzeigersinn. Damit stellen Sie Kontakt zu Ihrem Körperinneren her und verbinden die verschiedenen Bereiche miteinander. Nicht nur Ihr Gehirn wird damit flexibler, sondern auch die Körperprozesse werden aktiviert.

Vielleicht ist Ihnen schon aufgefallen, daß manche Leute in bestimmten Situationen ins Leere starren, als ob sie geistesabwesend wären. Dieses Phänomen zeigt, daß sie in Trance mit all ihren Sinnen gleichzeitig in Kontakt sind, alles auf einmal wahrnehmen.

Probieren Sie es selbst aus: Schauen Sie auf einen etwa zwei Meter entfernten Gegenstand. Lassen Sie Ihre Augen möglichst entspannt und weich blicken. Schauen Sie weder angestrengt noch durchdringend, sondern passiv und absichtslos. Lassen Sie das Objekt vor Ihren Augen verschwimmen, schauen Sie durch das

Objekt hindurch. Peilen Sie irgendeinen Punkt in der Ferne an, ohne ihn zu fixieren.

Achten Sie dabei auf Ihren Körper: Wie fühlt es sich in der Mitte an? Gibt es eine Beziehung zwischen dem Gegenstand da draußen und Ihrem Körper? Wie spüren Sie das?

Haben Sie Geduld. Es kostet etwas Übung, so zu schauen. Aber Sie können es lernen, z. B. indem Sie »magische Bilder« betrachten, die jetzt überall im Umlauf sind.

So ein Bild halten Sie zuerst ganz nahe an Ihre Nasenspitze und bewegen es dann langsam von Ihrer Nase weg, halten den Blick aber weiter auf das Bild gerichtet.

Besser: Schauen Sie durch das Bild durch bzw. tun Sie so. Mit etwas Übung werden Sie in den Genuß eines »magischen«, dreidimensionalen Bildes kommen: Plötzlich entstehen vor Ihrem Auge neue Welten. Sie sehen etwas, das vorher auch schon vorhanden war, aber aufgrund Ihrer gewohnten Sichtweise unentdeckt blieb. Durch die Stellung Ihrer Augen entsteht unbewußt ein neues Sehprogramm, nach einiger Übung eine neue Sehgewohnheit.

Die Magie des Sehens

Fangen Sie nicht an zu denken, sonst verschwindet das Phänomen. Das ist der Augen-Blick, in dem Sie in Resonanz sind mit den Dingen. Daraus können neue Einblicke und Sichtweisen, neue Gedanken und Lösungen erwachsen.

Wenn Sie dann den Blick nach innen wenden, spüren Sie den Abglanz deutlich.

Sie können nun auch mit offenen Augen focussieren: Stellen Sie Ihr Problem heraus und schauen es mit diesem neuen Blick an. Sie spüren den felt sense und werden achtsam für neue Symbole, die daraus entstehen. Nachdem Sie Ihren Blick geweitet haben, schließen Sie Ihre Augen für eine Weile, reiben sie ein bißchen und orientieren sich dann wieder zurück.

Natürlich funktioniert die neue Sichtweise (auch divergentes Sehen genannt) bei Menschen genauso. Wenn Sie durch Menschen hindurchschauen, sehen Sie unter Umständen mehr als sonst.

Diese Übung, die im Alltag immer wieder praktiziert werden kann, öffnet Ihnen zusätzlich eine Tür zum felt sense, zu fast jeder Gelegenheit. Dies schafft eine emotionale Klarheit, eine Gefühlsqualität, die Ihnen als Richtschnur für Ihr Verhalten dienen kann.

Da Sie sich soeben mit der Magie des Sehens befaßt haben, möchte ich Sie nun auch auf die Magie der Worte aufmerksam machen.

Die Magie der Worte

Im Focusing markieren Worte den Weg vom Problem zur Lösung. Während Sie anfangs einen bestimmten Sachverhalt als problematisch einstuften, entfalteten sich aus dem dazugehörigen felt sense mit Hilfe entsprechender Fragen Symbole, die als Bilder oder Gefühle auftauchten und die Sie in Worte zu fassen versuchten.

Die Worte waren Etiketten: Sie standen jeweils für einen Teil dessen, was Sie innerlich erlebten.

Sie wandelten sich ebenso, wie sich im Laufe des Prozesses die Symbole wandelten, und signalisierten somit Veränderungen des subjektiven Erlebens.

Worte spiegeln innere Zustände wider. Das Wort Problem bedeutet: Sie stecken fest. Doch das kann sich ändern, wie Sie beim Focusing gemerkt haben. Denn das Wort Problem beschreibt nur einen Teil Ihrer inneren Wirklichkeit – andere Aspekte haben Sie nämlich noch gar nicht bemerkt. Treten die aber zum Vorschein, ändert sich Ihre innere Realität, und neue Worte entstehen.

Worte haben aber auch ihre je eigene Bedeutung, ihren eigenen felt sense. Sie stehen für eine innere Realität und erschaffen sie auch.

Worte, die Sie selbst benutzen, haben Auswirkungen auf Ihre innere Befindlichkeit: Verwenden Sie aufmunternde Worte, geht es Ihnen besser. Sagen Sie zu sich selbst eher destruktive oder deprimierende Worte, geht es Ihnen entsprechend schlecht.

Haben Sie schon einmal auf Ihre Wortwahl geachtet? Spiegeln Ihre Worte die tatsächliche Erfahrung immer genau wider? Oder sind sie eher oberflächlich gewählt und ungenau?

Mag ja sein, daß Sie nicht immer die Zeit und Konzentration aufbringen können, Ihre Gefühle und all das, was sich in Ihnen abspielt, genau zu benennen; doch Sie müssen sich auch nicht wundern, wenn Sie sich anschließend so vage und verwaschen fühlen, wie Sie sich ausdrücken. Wenn Sie aber schon nicht immer die richtigen Worte finden, dann verwenden Sie doch immerhin solche, die Ihnen nützen. Benutzen Sie aufbauende, energiespendende Worte. Verwenden Sie nicht mehr das erstbeste Wort, das Ihnen einfällt.

So, wie Worte aus dem felt sense entstehen, können sie den felt sense auch verändern.

Die richtigen Worte finden

Wählen Sie Worte aus, die eine positive Resonanz in Ihnen auslösen. Sie verändern damit den felt sense zum Problem, etikettieren andere Aspekte und bringen den Prozeß in Bewegung – in Richtung Lösung.

Haben Sie sich schon einmal selbst zugehört? Das kann genauso wichtig und wertvoll sein, wie anderen zuzuhören.

Wenn Sie ein Problem haben – was sagen Sie zu sich? Wie empfinden Sie das? Sind Sie frustriert, verärgert, resignieren Sie oder fühlen sich deprimiert? Bezichtigen Sie sich dabei selbst, etwa »Ich bin schon wieder ein Versager«, »Ich kann aber auch gar nichts« bzw. »Alle anderen können das, nur ich nicht«?

Finden Sie ein Wort, das Ihren Problemzustand beschreibt oder mit dem Sie sich selbst in einen solchen Zustand bringen. Am besten ein Wort, das Sie selbst benutzen, das typisch für Sie ist, und das Sie zu sich selbst sagen (könnten). Falls Sie (noch) keines finden, achten Sie demnächst auf Ihre Selbstgespräche in heiklen Situationen. Es lohnt sich, denn so können Sie Ihr Seelenleben positiv beeinflussen und verändern.

Welches Wort bzw. welche Worte benutzen Sie immer wieder, um ein Problem oder ein Problemgefühl zu beschreiben?

Sie können sich auch fragen, welche Gefühle auftauchen, wenn Sie in einem Problem stecken (frustriert, wütend, enttäuscht, deprimiert, hilflos, verletzt ...).

Nehmen Sie das Wort oder die Worte und stellen Sie sie heraus. Lassen Sie die Worte auf sich wirken und achten Sie darauf, daß Sie einen guten Abstand zu ihnen haben.

Gehen Sie innerlich in Ihre Mitte zu Ihrem felt sense. Wie fühlt sich das körperlich als Ganzes an? Was steckt hinter den Worten? Wie schmeckt Ihnen das? Wonach riecht das? Spüren Sie die Resonanz der Worte? Stellen Sie sich dann die Frage: »Welches Wort wäre denn jetzt besser?« Lassen Sie Antworten aus dem felt sense kommen. Welche neuen Worte tauchen auf?

Nehmen Sie alles an, was kommt, und achten Sie auf den bodyshift, die körperliche Erleichterung. Nehmen Sie das als gutes Zeichen. Fragen Sie sich: »Welches Wort oder welcher Satz würde mir mehr Spaß machen?«

Sie können auch einfach andere Worte erfinden und dann auf die Reaktion Ihres felt sense achten. Hauptsache, Sie (er)finden Worte und Begriffe, die sich neu, überraschend und unerwartet anfühlen und die Ihre Gefühle in eine neue Richtung lenken bzw. Sie in eine bessere Stimmung versetzen. Schränken Sie sich nicht ein, begrüßen Sie jeden neuen Einfall als Erweiterung Ihrer bisherigen Wahrnehmung!

Falls Sie beispielsweise bisher »deprimiert« waren, fragen Sie Ihren felt sense, was besser paßt: vielleicht Worte wie »nicht ganz in Stimmung«, »vorübergehend am Boden«, »in Wartestellung«, »Kraft sammeln«, »Ruhepause« o. ä.

Mit Worten die Stimmung beeinflussen

Nehmen Sie das neue Wort, sprechen es sich vor und lassen es auf sich wirken. Fühlen Sie sich noch wie am Anfang, oder hat sich etwas verändert? In welcher Stimmung sind Sie jetzt? Sicher nicht gleich in einer euphorischen, doch vielleicht in einer angemesseneren. Sie stecken nicht mehr fest. Vielleicht kommen noch andere Worte hinzu, die Ihre Stimmung weiter verändern, wie: »Ich schaffe das ... «, »Wäre doch gelacht ... «, »Es geht schon besser, ich spüre neue Kraft«. Lassen Sie ruhig weitere Worte und Sätze auftauchen und achten Sie auf Ihre Gefühle.

Destruktive Worte in konstruktive zu verwandeln, ist eine Möglichkeit, Problemgefühle zu vermindern und neue Wahrnehmungen zuzulassen. Allein mit Hilfe von Worten und deren bewußtem Gebrauch können Sie sich aus Sackgassen heraus und in Richtung mehr Lebensfreude steuern. Achten Sie künftig mehr auf Ihre Worte, wenn es Ihnen schlecht geht, und vertrauen Sie Ihrem felt sense – er findet neue.

Geben Sie sich nicht mehr damit zufrieden, daß Sie Angst haben und »versagen« werden. Fragen Sie Ihren felt sense: »Was ist noch dran?«

Sagen Sie sich künftig nicht immer wieder, wie verärgert, frustriert, wütend oder dumm Sie sind, sondern probieren Sie Worte wie geladen, erregt, ernüchtert oder lernfähig.

Auch wenn Ihnen dies zunächst nur wie ein Spiel mit Worten erscheint, Sie werden die Kraft von Worten zu spüren bekommen, sobald Sie sie ausprobieren. Zerbrechen Sie sich nicht den Kopf bei der Suche, fragen Sie Ihren felt sense – er ist ein verläßlicher Verbündeter auf dem Weg zu neuen Ufern.

Übung: Ihr Erfolgsfinger

Zum Abschluß und als kleines Abschiedsgeschenk möchte ich Ihnen eine Übung vorschlagen, die Ihnen hilft, Ihre Focusing-Erfolge zu intensivieren.

Erinnern Sie sich an Ihren Ressourcen-Kreis? Können Sie sich noch Farbe und Größe vorstellen? Probieren Sie den Kreis aus. Steigen Sie hinein und genießen Sie die kraftvollen Gefühle, die darin gespeichert sind. Setzen Sie sich nun hin. Lehnen Sie sich bequem zurück, entspannen Sie sich, atmen Sie tief ein und lassen Sie das, was Ihnen von den Focusing-Schritten noch bewußt ist, an sich vorbeiziehen.

Wie war das, als Sie Focusing kennenlernten? Und wie haben Sie es ausprobiert? Und wann jeweils? Erinnern Sie sich. Sicher hat nicht alles gleich geklappt und tut es vielleicht jetzt noch nicht. Doch genauso sicher hat einiges geklappt! Was war das? Der Abstand? Die Symbole, die aus dem felt sense auftauchten und zur Lösung führten?

Ging es Ihnen in einer Streßsituation auf einmal besser, oder konnten Sie einem Mitmenschen bei seinem Problem helfen? Verschaffte Ihnen allein schon das Herausstellen Ihres Problems Erleichterung und körperliche Entlastung?

Was es auch war, nehmen Sie einen solchen Moment und halten Sie ihn fest. Genießen Sie nochmals das Gefühl, es geschafft zu haben, spüren Sie den ganzen felt sense dazu! Denken Sie dabei ruhig auch an alle anderen Ereignisse in Ihrem Leben, in denen Sie eine neue und überraschende Erfahrung gemacht hatten, die Ihnen weiterhalf. Erinnern Sie sich, wie es ist, etwas gemeistert zu haben. Erleben Sie das Gefühl danach und lassen Sie es für eine Weile auf sich wirken.

Während Sie all das wieder erleben und fühlen, nehmen Sie Ihren Zeigefinger und Daumen der rechten Hand und massieren damit einen Ihrer Finger der linken Hand. Je kraftvoller und energiegeladener Sie sich fühlen, desto stärker massieren Sie Ihren Finger! Lassen Sie dann die Erinnerungen und die Bilder wieder verblassen und halten nur noch für eine Weile Ihren Finger fest. Dann können Sie ihn loslassen.

Sie haben nun eine körperliche Erinnerungshilfe. Wenn Sie mal wieder verzagen und an Focusing verzweifeln: Drücken Sie einfach Ihren Erfolgsfinger! Machen Sie diese Übung öfter, bis die Erfolgserlebnisse gut verankert sind. Und laden Sie Ihren Finger auch jedesmal wieder auf, wenn Sie ein solches Erfolgserlebnis haben, sei es bei Focusing oder sonst in Ihrem Alltag. Doch bald werden Sie wahrscheinlich gar nicht mehr unterscheiden können, zwischen dem, was Sie bewußt an Focusing-Schritten unternehmen und was einfach unbewußt geschieht.

Mit der Zeit wird Focusing zur Intuition werden, und Sie können dieses Buch weglegen oder Freunden schenken. Denn Focusing ist ein natürlicher Prozeß, und es bedarf lediglich hin und wieder eines kleinen Wegweisers, der in die richtige Richtung deutet. Dazu soll dieses Buch beitragen.

Blick in die Zukunft

Sie sind nun am Ende Ihrer Lesereise angelangt, aber längst nicht am Ende Ihrer Entwicklung. Gehen Sie weiter auf dem mit Focusing eingeschlagenen Weg. Bestimmt treffen Sie auch andere Menschen, denn viele Menschen suchen heutzutage nach einem verläßlichen Führer ohne Aufgabe der eigenen Autonomie.

Wenn Sie gelernt haben, wieder auf Ihren Körper zu hören und sich vom felt sense leiten lassen, haben Sie etwas, worauf Sie sich verlassen können: ihre innere Weisheit. Mit Focusing haben Sie sich selbst besser kennengelernt und müssen Ihr Verhalten, Ihr Denken und Fühlen nicht mehr an vorgefertigten Mustern ausrichten.

Sie haben ein neues Muster. Was das bedeutet, erfahren Sie mit Focusing und seinen Prinzipien immer wieder: mehr Kongruenz und Integrität.

Der felt sense erschließt Ihnen den ganzen Reichtum Ihrer unbewußten Fähigkeiten und Möglichkeiten.

Spüren Sie ihn, fragen Sie ihn und arbeiten Sie mit ihm zusammen – wann immer Sie wollen, wird Ihr Leben dadurch reicher und vielfältiger.

■ *Baummeditation*

Schließen Sie noch einmal die Augen und entspannen Sie sich. Lassen Sie vor Ihrem Auge einen Baum entstehen. Es kann ein beliebiger Baum sein oder einer, den Sie schon kennen. Falls vor Ihrem Haus ein Baum steht, können Sie ihn auch direkt anschauen:

Betrachten Sie seine Äste, seine Blätter, seine ganze Gestalt: Ist er groß oder klein, breit oder schmal ...? Lassen Sie den Baum ganz auf sich wirken – spüren Sie diesen Baum körperlich in Ihrer Mitte. Welche Resonanz löst er in Ihnen aus? Was ist das besondere an diesem Baum? Seine Wurzeln, sein Stamm, die Farbe oder Form seiner Blätter usw.?

Welche Worte fallen Ihnen dazu ein? Was kann der Baum Ihnen sagen? Warten Sie eine Weile und lassen Sie Worte oder Bilder aufsteigen. Vielleicht entsteht auch ein bestimmtes Gefühl. Nehmen Sie alles als Hinweis für Ihr Leben an, die Wurzeln, die Erde, den Stamm und die Äste usw. bis zum Himmel.

Fragen Sie sich: »Was hat der Baum mit mir zu tun? Was ist denn meine Bestimmung? Was fehlt mir noch? Was kann der Baum mich lehren?«

Nehmen Sie diesen Baum mit auf Ihren Weg. Für Ihre weitere Entwicklung wünsche ich Ihnen viel Glück – das Sie jetzt selber in der Hand haben!

Der Focusing-Prozeß im Überblick

Die sechs Schritte

1 Freiraum schaffen

- Belastendes herausstellen
- Einen guten Abstand zu Problemen gewinnen
- Das Ganze anschauen, spüren

Fragen:

- »Was trägt der Körper heute?«
- »Geht's mir gut? Alles okay?«

2 Den felt sense spüren: Der Körper weiß die Antwort

- In den Körper hineinkommen (Übung)
- Ein Problem auswählen
- Die körperliche Bedeutung des Problems, die Resonanz spüren
- Was ist die Qualität des Problems? Der felt sense ist oft sehr leise, schwach und undeutlich!
- Wie ist die Qualität (schwer, leicht, eng, zittrig)?

3 Den Griff (Symbol) finden: Die Sprache des Unbewußten

- Auf das erste Symbol achten, das aus dem Körper in irgendeiner Sinnesmodalität auftaucht (als Bild, Gefühl, Bewegung, Wort)
- An diesem Griff hängt quasi der felt sense zum Problem (Anker)

4 Den Griff überprüfen: Überprüfen und vergleichen

Fragen:

- »Paßt das?«
- »Stimmt das Symbol mit dem felt sense überein?« Wenn es stimmt, spürt man ein körperliches Gefühl der Entlastung (»Ja, das paßt, es stimmt genau!«).

5 Offene Fragen an den felt sense: Die Kunst des absichtslosen Fragens

- Freundlich fragen, den Kopf auf Urlaub schicken
- Geduldig auf Antwort warten
- »Was ist das eigentlich?«, »Was ist daran so wichtig/schlimm?«, »Was brauche ich, um mich besser zu fühlen?«, »Wo ist frische Luft?«, »Wozu ist das gut?«
- Die Antwort aus dem Körper kommen lassen (Bild, Wort, Geste, Gefühl)
- Auf jeden kleinen Schritt achten und dabeibleiben

6 Annehmen und schützen

- Die Antworten des felt sense (Symbole) annehmen und vor dem inneren Kritiker schützen
- Die Symbole verändern den felt sense, und daraus werden sich neue Symbole entfalten. Eine weitere Focusing-Runde beginnt.

Schlußwort

Üben müssen Sie das Focusing selbst, doch unter fachkundiger Anleitung tun Sie sich manchmal leichter. Da können Mißverständnisse gleich korrigiert und die Schritte nach und nach gelernt werden. Wenn Sie also noch Schwierigkeiten beim Üben haben und mit dem Buch allein noch keine Erfolge verbuchen können, dann wenden Sie sich bitte an eine der auf Seite 137 angeführten Adressen.

Dort können Sie sich informieren und beraten lassen, u. U. auch Einzelsitzungen erhalten und Seminare buchen. Auch ich helfe Ihnen gern weiter. Falls Sie mich persönlich kontaktieren (Seminare und Beratung) oder einfach Rückmeldung über das Buch geben möchten, schreiben Sie an den Verlag.

Anhang

Focusing-Adressen zur Weiterbildung

Deutschland:

Deutsches Ausbildungsinstitut für Focusing und Focusing-Therapie (DAF)
Frankfurter Str. 10, 97082 Würzburg, Tel. 09 31/41 62 83

Focusing-Büro Bamberg
Sonnenplätzchen 1, 96049 Bamberg, Tel. 09 51/5 21 32

Psychologisches Beratungszentrum (pbz – Iserlohn)
Alter Rathauspl. 9, 58636 Iserlohn, Tel. 0 23 71/2 73 39

Institut für Focusing-Therapie Dr. R. Eggebrecht
Hinterschwaig 46, 82383 Hohenpeißenberg, Tel. 0 88 05/87 48

Institut für Integrierte Therapie e.V.
Konradstraße 16, 80801 München, Tel. 0 89/33 62 55

Schweiz:

GFK – Gesprächstherapie, Focusing und Körpertherapie
Weiherhofgasse 9, CH-9500 Whyl, Tel. (00 41) 73 22/17 92

Österreich:

ÖAF – Österreichische Arbeitsgruppe Focusing
A-5142 Eggelsberg, Tel./Fax: (00 43) 77 48/21 77

Literaturhinweise

Peter Campbell/Edwin McMahon: BioSpiritualität, Glaube beginnt im Körper
Claudius 1992

Eugen T. Gendlin: Dein Körper – Dein Traumdeuter
Otto-Müller-Verlag 1987

Eugen T. Gendlin: Focusing, Technik der Selbsthilfe bei der Lösung persönlicher Probleme
Otto-Müller-Verlag 1981

Ernest L. Rossi: 20 Minuten Pause. Wie Sie seelischen und körperlichen Zusammenbruch verhindern können
Junfermann 1993

Martin Siems: Dein Körper weiß die Antwort, Focusing als Methode der Selbsterfahrung
rororo-Sachbuch 1987

Agnes Wild-Missong: Neuer Weg zum Unbewußten, Focusing als Methode klientenzentrierter Psychoanalyse
Otto-Müller-Verlag 1983

Focusing-Bibliothek, Band 1–5, herausgegeben vom DAF, Deutsches Ausbildungsinstitut für Focusing und Focusing-Therapie

Register

absichtsloses Fragen 71, 78, 79
absichtsloses Wahrnehmen 26, 33
Abstand 34 ff., 47 ff.
Achtsamkeit, innere 30
Alkohol 94
Anker 88
Annehmen 85
Anti-Streß-Training 100
Antworten 77 ff.
Atem 32, 68, 69, 76
Augen 124
äußerer Freiraum 38
autogenes Training 8, 33

Blick 124, 125
bodyshift 17, 47, 55, 65, 82

Codewort 42

Denkblockaden 25
divergentes Sehen 125

Einschlafen 110
Entspannung 40, 68 ff., 94, 95
Entspannungstraining 39
Erfolgsfinger 130
Erholung 94
Eutonie 40

felt sense 29, 49, 55 ff., 65, 79, 87
felt shift 55
Film 105 ff.
Finger 130
Focusing 9, 17, 25, 27, 33, 86, 123
Focusing mit Partner 50, 115
Focusing-Platz 53
Focusing-Prozeß 37, 92, 133
Frage »Warum?« 74
Fragen 56, 71 ff., 77, 78, 80
Fragestil 77
Freiraum 37, 52 ff.

Gehirn 8, 14, 30
Gendlin, Gene 9
Griff 59
Grund eines Problems 74

Haltung 38, 39
Handbewegung 98
Helfer, hilflose 72
herausstellen 45, 46, 99

Ich-Aussagen 121
innerer Freiraum 43
Intuition 13

Kaffee 94
Kinderfragen 72
Kommunikation 115
Körper 69, 123
Körpergehirn 14, 15, 18
Körperhaltung (siehe Haltung)
Körpersensibilisierung 44
Körperweisheit 8, 13
Körperwissen 13, 15
Kraftquellen 43
Kreativpause 94
Kritiker, innerer 87, 89, 90

Landschaften, innere 32
Lebensrhythmus 69
Lernen 26
Logik 14, 15

Magie der Worte 126
Magie des Sehens 125
magische Bilder 125
Muskelentspannung 8, 39
Muskelentspannung nach Jacobson 40

Nikotin 94
NLP 8

offene Fragen 77

Partner (beim Focusing) 116ff.
Pause 93, 94
Perspektiven 23, 24
Platz 38, 53
Problem 15, 17ff., 35, 36, 45, 48, 51, 79, 123, 126
Problemhaltung 38, 39, 41

Raum-Schaffen 93
Resonanz 53, 55, 57
Ressourcen-Haltung 41
Ressourcen-Kreis 42
Ressourcen-Situation 41
Rolle, neue 106ff.

Schlaf 110
Schwierigkeiten beim Focusing 92
Selbsthilfe 10
Sinne 31, 32, 60, 62
Sprache des Körpers 15
Streß 100ff., 105, 107, 108
Streß verhindern 104
Symbol 48, 50, 59, 60, 65, 85ff.

Tagtraum 94
Therapie 9, 10
Ton 90
Traum 112ff.
Traum-Focusing 112

Überblick 46, 51
Unbewußte, das 29, 33

Verankern 88, 89
Verstand 14, 75, 86, 87

Wahrnehmung 20, 21, 60, 62

Wahrnehmungskanäle 60, 61
»Warum?« (siehe Frage »Warum?«)
Wirklichkeit 21
Worte 126ff.
Wortwahl 127

Zeit 38, 93
Zuhören 116
Zukunftsfragen 73

Weitere Titel aus dem humboldt-Programm

Lebenshilfe & Psychologie

Depressionen	*ht 431*
Schluß mit dem Rauchen!	*ht 572*
Welche Farben stehen mir?	*ht 577*
Körpersprache verstehen	*ht 590*
Flirten – aber wie?	*ht 606*
Selbstsicher – Selbstbewußt	*ht 609*
Positiv denken und leben	*ht 622*
Selbstverteidigung für Frauen	*ht 634*
Trennung bewältigen	*ht 644*
Linkshändig? Ein Ratgeber	*ht 669*
Optimist werden!	*ht 704*
Alternative Therapien	*ht 713*
Kennwort Liebe	*ht 714*
Mut zur Lust	*ht 718*
Alltagsängste aus eigener Kraft überwinden	*ht 742*
Witwe sein ist anders	*ht 743*
Die Sucht, mager zu sein	*ht 744*
Sympathie gewinnen	*ht 745*
Wenn die Seele trauert ...	*ht 749*
In meinem Alter ...	*ht 763*
Befreien Sie sich aus der Streßfalle!	*ht 780*
Umgang mit der Diagnose Krebs	*ht 781*
Aromatherapie – Düfte für die Seele	*ht 792*
Zur Schwäche erzogen – zur Stärke geboren	*ht 795*

Psychologie

Traumbuch	*ht 226*
Handschriften deuten	*ht 274*
Psychologie-Lexikon	*ht 927*
Psychotest Streßmanagement	*ht 958*
Psychotest Zeitmanagement	*ht 959*
Abenteuer Traum	*ht 1063*

Entspannung

Autogenes Training	*ht 336*
Entspannungs-Training	*ht 430*
Entspannungs-Training (Buch/Cassette)	*ht 809*
Selbsthilfe durch Autogenes Training	*ht 466*
Autogenes Training und Meditation	*ht 510*
Entspannungstechniken für Hals und Schultern	*ht 761*
Ayurveda – Entspannung für Körper und Seele	*ht 788*

Das große Buch der Entspannungstechniken ht 923
Yoga easy ht 955
Tai Chi easy ht 956
Qi Gong easy ht 957
Shiatsu easy ht 961
Feldenkrais easy ht 962
Wyda easy ht 963
Bioenergetik easy ht 964

Yoga

Das ist Yoga ht 82
Yoga für Frauen ht 588
Gesund mit Yoga ht 765
Das große Yoga-Buch ht 943

Konzentration & Gedächtnis

So lernt man leichter! ht 191
Gedächtnis-Training ht 313
Superlearning ht 491
Gutes Gedächtnis ht 639
Besser konzentrieren ht 672
Besser lesen, verstehen, behalten! ht 673
Super lernen ht 715
Hören, Sehen, Behalten – Welcher Lerntyp bin ich? ht 756
Verflixt, das darf ich nicht vergessen! ht 935
Verflixt, das darf ich nicht vergessen! Bd. II (Buch/Cassette) ht 960

Gesundheit & Medizin

Rheuma ht 364
Bluthochdruck ht 632
Aktiv gegen Cellulite ht 640
Gesundheitsratgeber Cholesterin ht 671
Gesunde und schöne Beine ht 675
Neurodermitis – Wege zur Linderung ht 693
Mit Arthritis leben ht 710
Allergien ganzheitlich behandeln ht 717
Aktiv gegen Osteoporose ht 724
Im Blickpunkt: Kontaktlinsen ht 737
Asthma und chronische Bronchitis ht 738
Diagnose Alzheimer ht 739
Schuppenflechte ht 740
Natürlich schöne Haut ht 764
Dem Schnupfen was husten ht 796
Pilzinfektionen vorbeugen und heilen ht 799